AF345372

VALÉRIA,

ou

LA CHAPELLE

DE FLOVERN.

VALÉRIA,

OU

LA CHAPELLE

DE FLOVERN;

Par J.-M.-E. Renault de Rouvray.

TOME SECOND.

DIJON,

Chez Victor Lagier, libraire, rue Rameau, sous le portique du Musée ; Noellat, libraire, sous les Piliers-Notre-Dame.

1820.

DE L'IMPRIMERIE DE CARION.

VALÉRIA

ou

LA CHAPELLE

DE FLOVERN.

~~~~~~~~~~~~~~~~~~~~~~~~

CHAPITRE Ier.

La nature commençait à s'embellir : les oiseaux faisaient entendre un doux ramage ; tout éprouvait l'influence de la saison nouvelle. Mais un cœur privé de repos n'a que de l'indifférence pour les charmes du printemps, et Valéria sentait redoubler la mélancolie de son ame. Un jour elle était seule dans la ferme avec mistriss Aterson : mistriss Oven et Johanna étaient allées au village voisin. Valéria, étant sortie, aperçut un jeune homme qui s'avançait vers elle, et reconnut sir Ethelbert. Ses habits de deuil, son air de tristesse annonçaient

II. 1
~~~~~~~~~~~~~~~~~~~~~~~~

qu'il avait perdu récemment quelqu'un de sa famille. Valéria s'en informa avec intérêt, et sir Ethelbert lui apprit la mort de son père, le marquis de Glanford.

L'absence de mistriss Oven ne fit point de déplaisir au jeune marquis : cette circonstance lui offrait le moyen d'avoir avec sa nièce un entretien plus libre, et d'en obtenir peut-être un aveu qu'il désirait depuis si long-temps. Valéria ne pouvait dissimuler la satisfaction intérieure qu'elle ressentait de la présence d'Ethelbert ; elle lui demanda des nouvelles de lady Elvina, de cette noble amie dont le souvenir lui était si précieux.

« Elvina n'est pas plus heureuse que moi, répondit Ethelbert avec l'expression du chagrin : quand on a connu miss Valéria, peut-on vivre éloigné d'elle et goûter le bonheur ! »

Après lui avoir dit que sa famille était réunie à Glanford-Castle avec sir Frédéric et miss Harvel, devenue l'amie in-

séparable de lady Colma , Ethelbert
parla de l'étrange événement qui avait
causé tant de trouble au château de
Belmore.

« Je ne doute pas , ajouta-t-il , que
mistriss Oven ne soit irréprochable , et
je ne demande point , madame , que
vous dévoiliez ses secrets ; mais son
silence et sa conduite mystérieuse ont
malheureusement donné prise sur elle ,
et ses ennemis triomphent ouvertement.

— « J'ignore , ainsi que vous , répondit
Valéria , les motifs secrets qui font agir
lady Morinsdale et mistriss Oven : tout
ce que je sais , tout ce que je puis vous
dire , c'est que l'une et l'autre ne re-
tourneront point en Ecosse, tant qu'elles
pourront y rencontrer sir Frédéric Sommerton. »

— « Quel inconcevable mystère ! s'é-
cria le jeune lord : tout me persuade que
sir Frédéric est coupable , et cependant
sir Frédéric est l'accusateur ! Pourquoi
l'innocence ne peut-elle ou ne veut-elle
pas se justifier ? Pourquoi une miss

Harvel et d'autres personnes qu'il est inutile de nommer, pensent-elles qu'il leur est permis de condamner et d'insulter la vertu, parce que la vertu ne fait rien pour sa défense ? Oui, madame, Glanford-Castle est maintenant l'asile des plus odieuses passions. Témoins de leurs continuelles attaques, nous osons souvent, Elvina et moi, les repousser avec indignation, et quelquefois, hélas! nous sommes contraints de garder un pénible silence ; mais enfin mon nouveau titre me donne droit à une indépendance que je saurai faire valoir, et rien ne peut m'obliger de vivre avec les ennemis de tout ce qui m'est cher. »

Valéria, craignant qu'il ne s'expliquât plus ouvertement à son sujet, baissa les yeux en silence.

« Oui, continua-t-il avec plus de chaleur encore, je quitterai Glanford-Castle ; et lorsque mon âge m'aura rendu tout-à-fait indépendant, c'est vous, madame, c'est vous seule qui disposerez de ma fortune et de ma vie. »

(5)

— « Ah ! milord , dit-elle avec une profonde émotion , que je ne sois point un sujet de discorde entre vous et votre famille ; oubliez-moi plutôt : c'est l'unique moyen de contenter votre mère et votre sœur. »

— « Je n'ai qu'une sœur, répondit l'impétueux Ethelbert ; quant à lady Colma, elle est indigne du nom que vous lui donnez. »

Valéria l'engagea à se modérer davantage , et surtout à ne point se séparer de sa famille , car un austère devoir lui défendrait alors de recevoir ses visites. Ethelbert promit de ne point en venir à cette extrémité ; mais, d'une voix énergique, il assura que rien sur la terre ne le ferait jamais renoncer à une résolution plus importante , et dont l'accomplissement nécessaire à son bonheur, dépendait de la seule volonté de Valéria. Il dit ensuite que des affaires relatives à la succession de son père exigeaient sa présence à Londres : « Je vais m'éloigner pour quelque temps, ajouta-t-il avec tristesse ; mais j'emporte au fond de mon cœur une image adorée ; que ne puis-je emporter de même la certitude d'être aimé ! »

— « Adieu, milord, dit Valéria dont l'embarras et la rougeur trahissaient les secrets sentimens, adieu : que vous servirait cette assurance, puisque nous ne pouvons espérer d'être unis ? »

— « Adorable Valéria, lui dit-il de l'air le plus tendre et le plus passionné, si vous m'aimez, qui pourrait empêcher l'union de deux cœurs faits l'un pour l'autre ? »

— « Hélas ! reprit Valéria, il est souvent difficile et quelquefois impossible d'accorder le devoir et l'inclination ? »

A ce demi-aveu, les yeux du jeune marquis brillèrent de tendresse et de joie ; il pressa de ses lèvres la main de son amante, et retourna à Glanford-Castle avant l'arrivée de mistriss Oven. Le lendemain il partit pour Londres.

On avait instruit la marquise et lady Colma de la visite qu'Ethelbert avait faite

aux dames de Flovern, et cette nouvelle
redoubla leur haine et leur fureur. Miss
Harvel et Frédéric Sommerton, guidés
par la vengeance, les animaient encore
et blâmaient hautement la conduite d'E-
thelbert.

« Mistriss Oven, disait sir Frédéric,
a une ambition désordonnée. S'emparer
de la fortune de mon épouse, marier sa
nièce avec le marquis de Glanford, voilà
le but où tendent ses désirs et qu'elle
s'efforce d'atteindre, n'importe à quel
prix. Mais, poursuivit-il, je suis curieux
de connaître cette protégée de lady Sommerton, cette jeune Valéria qu'Ethelbert
a jugée digne de ses vœux et peut-être
du don de sa main. D'ailleurs il est juste
qu'en votre présence je confonde une
femme criminelle : c'est la seule vengeance que je prétends en tirer. »

Cette idée fut avidement adoptée par
les trois dames, et le lendemain ils par-
tirent tous pour la vallée de Flovern,
sans qu'Elvina eût aucun soupçon de ce
complot.

Arrivés près de la ferme, ils y entrèrent au grand étonnement de Valéria et de mistriss Oven, qui, en voyant Sommerton, jeta un cri terrible et fit un geste d'épouvante. Sir Frédéric regarda ses compagnes et leur dit froidement : « Est-ce là le calme de l'innocence ? Ainsi le coupable se trahit lui-même ! » Ensuite ses yeux se portèrent sur Valéria, et il éprouva une forte sensation qui se manifesta sur tous ses traits. Mistriss Oven s'en aperçut, et ordonna à sa nièce de se retirer dans son appartement. Puis s'adressant à la marquise : « Milady, lui dit-elle d'une voix altérée, je ressens, comme je le dois, l'honneur de votre visite, mais je voudrais en vain vous dissimuler que, dans cette circonstance, elle est pour mon cœur un véritable supplice. »

— « Mistriss Oven, répondit la marquise, comme je suis alliée à sir Frédéric et que votre fuite, la veille de son arrivée à Belmore-Castle, a pu donner lieu à de fâcheux soupçons sur sa conduite antérieure, j'ai dû l'accompagner ici, afin d'être témoin de sa justification. »

« Parlez, dit sir Frédéric en affectant beaucoup de sérénité; de quoi m'accusez-vous? »

— « Sir Frédéric, interrogez votre conscience? elle vous répondra, dit mistriss Oven sans tourner les yeux vers lui. »

— « Quelle hardiesse! dit à voix basse lady Colma. »

— « Elle est sans exemple, ajouta miss Harvel. »

Sir Frédéric parut méditer sa réponse, et dit enfin de l'air le plus imposant : « Milady, lady Colma et miss Harvel, soyez témoins que cette femme n'a point de reproches à me faire. Eh bien! moi, je l'accuse devant vous d'avoir, pour satisfaire sa haine et ses vues ambitieuses, abusé de son pouvoir sur l'esprit de lady Sommerton mon épouse; d'avoir forcé la malheureuse Ophélia de s'ensevelir dans un couvent, et d'être l'auteur du complot dont la suite a été mon exil. Répondez, mistriss Oven, répondez ! »

— « Dieu vengeur ! s'écria-t-elle en levant les yeux et les mains vers le ciel, sois notre juge ! Et puisque ma langue est enchaînée, que ta foudre écrase à l'instant le coupable et justifie l'innocent ! »

A ces mots, prononcés de la manière la plus énergique, les trois dames restèrent immobiles et muettes ; sir Frédéric grinça les dents et proféra une injure atroce.

« Mistriss Oven, dit la marquise après quelques momens de silence, vos réponses sont vagues et vos accusations insignifiantes. Tout le monde sait quel empire vous avez pris sur lady Sommerton ; vos intrigues sont connues, et ce ton énigmatique, ces phrases mystérieuses et apprêtées ne sauraient en imposer à personne. »

— « Milady, répondit avec fierté mistriss Oven, vous oubliez que vous êtes à Flovern, et que rien ne peut vous autoriser à me traiter de la sorte. »

— « Et vous, femme ingrate et perverse, n'oubliez pas que le marquis de Glanford tira jadis votre père de l'état le plus abject et le plus misérable ; n'oubliez pas surtout que sa belle-fille peut, tôt ou tard, vous faire payer cher un tel excès d'insolence ! »

— « Sortons, ajouta lady Colma ; c'est trop se laisser insulter par cette audacieuse créature. »

Mistriss Oven se contenta de jeter sur lady Colma un regard où se peignait le dédain le plus marqué ; puis elle dit, sans s'émouvoir et sans quitter sa place : « Johanna, reconduisez ces dames. »

Rien n'irrite la violence et ne blesse l'orgueil comme le sang froid et le mépris qu'on leur oppose. Les trois dames, transportées de colère, se répandirent en invectives et se disposaient à sortir, lorsque Sommerton, s'approchant de mistriss Oven, lui dit avec un sourire infernal : « Qui est cette jeune fille que

vous avez eu soin de dérober à ma vue?
J'ai maintenant votre secret, tremblez!
Oui, ajouta-t-il avec l'accent de la fureur, ma vengeance égalera ma haine;
elle égalera le supplice où je fus condamné. »

Mistriss Oven tressaillit et changea
de couleur.

« Elle pâlit! s'écria miss Harvel. »

— « Sir Frédéric, dit la marquise,
cette jeune fille dont vous venez de
parler est miss Valéria, le vertueux objet
des adorations de mon fils. Mais, conti-
nua-t-elle en regardant mistriss Oven
avec hauteur, je vous avertis, madame,
qu'il est temps que ce scandale finisse,
et puisque l'autorité maternelle est mé-
connue, j'invoquerai, s'il le faut, un
pouvoir plus redoutable. »

Mistriss Oven ne put contenir son indignation : « Je souhaite, répond-it-
elle, qu'il n'y ait pas plus de scandale au
château de Glanford que dans la vallée
de Flovern. » Ces mots furent accom-
pagnés d'un coup d'œil expressif lancé

sur Sommerton et sur miss Harvel. « Au surplus, madame, poursuivit mistriss Oven, en s'adressant à la marquise, permettez qu'à mon tour je vous avertisse qu'il est temps de cesser vos insultes préméditées. Ne me contraignez pas de recourir à des moyens extrêmes que, chez moi, il me serait permis d'employer. »

La rage des dames de Glanford et de miss Harvel ne saurait être exprimée. Elles sortirent, la menace à la bouche, les yeux enflammés, et telles qu'on nous représente les trois Euménides. Johanna s'empressa de fermer la porte, dans la crainte qu'elles ne s'avisassent de rentrer.

Mistriss Oven, réfléchissant à ce qui lui était échappé au sujet de miss Harvel et de sir Frédéric, regretta de s'être abaissée à cette vengeance ; mais l'injure qu'elle avait reçue était si grave, qu'elle se trouva excusable de l'avoir repoussée avec autant d'aigreur. Elle défendit à Johanna de rapporter à sa nièce ce qui s'était passé.

Valéria vit avec peine le trouble où

sa tante était plongée , mais accoutumée à respecter ses secrets, elle ne lui fit aucune question. Mistriss Oven dit à sa nièce que sir Frédéric était venu pour la braver en présence de miss Harvel et des dames de Glanford , mais qu'elle savait le moyen de n'être plus exposée à de pareilles visites : en effet , elle ordonna que désormais les portes de la cour fussent exactement fermées. Ensuite elle raconta l'insulte que la marquise avait osé lui faire. Valéria partagea l'indignation de sa tante , et fut chargée d'annoncer à Ethelbert la nécessité où l'on se trouvait de ne plus permettre qu'il vînt à la ferme. Quel emploi pour le cœur sensible de Valéria ! Combien elle redoutait le jour où son amant paraîtrait à Flovern ! Aura-t-elle le courage de le bannir de sa présence ? pourra-t-elle soutenir ses reproches et ses plaintes ? verra-t-elle enfin, sans le partager, tout l'excès de son désespoir ? Infortunée Valéria ! ce n'est là que le prélude des sacrifices que va t'imposer le devoir !

CHAPITRE II.

Le temps s'écoulait, et il n'arrivait aucun changement dans la situation des dames de Flovern. Enfin mistriss Oven reçut une lettre dont la lecture lui causa beaucoup d'étonnement et d'agitation. Depuis ce jour, ses chagrins habituels semblèrent avoir pris une nouvelle force ; mais elle gardait un silence obstiné sur la source de tant de peines ; et Valéria, quoique affligée du peu de confiance de sa tante, ne cherchait plus à approfondir des mystères qu'elle lui cachait avec tant de soin.

On entendit un matin frapper à l'une des portes de la cour. Tom accourut, et à une voix qui lui était connue, il se hâta d'ouvrir : c'était lady Elvina, accompagnée de Jenny sa femme de chambre. La joie de Valéria fut égale à sa surprise.

Ma noble amie, lui dit-elle en l'em-

brassant, par quel bonheur vous vois-
je à Flovern ? »

— « Je m'expose à être grondée, dit
en riant lady Elvina ; mais que ne souf-
frirait-on pas pour Valéria Oven ? »
Et elles s'embrassèrent de nouveau.

Mistriss Oven, sensible à cette démarche d'Elvina, lui en témoigna toute
sa reconnaissance.

« Je sais, madame, ajouta-t-elle,
votre généreuse conduite : vous sacrifiez
pour nous la tranquillité dont vous
devriez jouir. »

— « Eh ! n'est-ce pas un devoir sacré,
dit Elvina, de défendre l'innocence
opprimée ? ce doux emploi porte avec
soi sa récompense. »

— « Il entraîne quelquefois de longues
amertumes, dit, en soupirant, mistriss
Oven. »

Elvina leur apprit que la marquise,
lady Colma, miss Harvel et sir Frédéric
étaient à Glamorgan, et qu'ils ne devaient
revenir que le soir ; elle ajouta que
cette circonstance lui ayant paru favo-

rable, elle était sortie secrètement du château ; mais qu'elle ne pouvait rester qu'une heure à Flovern, parce que Betty, qui était chargée de la surveiller, s'apercevrait d'une plus longue absence. Elle leur parla de l'étrange visite qu'elles avaient reçue et de la colère des trois dames, qui n'était pas encore calmée à leur retour de la ferme ; elle raconta aussi que, pour se soulager, lady Colma était venue lui chercher querelle dans son appartement, et lui avait dit que sir Frédéric allait tirer de mistriss Oven une vengeance éclatante.

« Mais, poursuivit-elle, je ne veux point vous affliger par un récit plus détaillé ; plaignons ceux que dominent de si violentes passions : ils souffrent plus que leurs victimes. »

Elle s'informa si le retour de lady Morinsdale devait bientôt avoir lieu, et si mistriss Oven prolongerait encore son séjour à Flovern.

« L'un et l'autre sont indéterminés,

II.   1*

répondit mistriss Oven. » Un profond soupir accompagna sa réponse.

L'heure parut trop promptement écoulée. Lady Elvina fit ses adieux à mistriss Oven qui lui renouvela ses remercîmens, et Valéria sortit de la ferme avec elle.

« Vous avez encore un ami malheureux, lui dit Elvina et vous ne m'en parlez point. »

Valéria rougit et baissa la vue.

« Ce pauvre Ethelbert est toujours à Londres où le retiennent des affaires importantes ; il m'écrit souvent, mais il s'occupe moins de sa sœur que de l'aimable solitaire de Floyern. »

— « Chère lady Elvina, pourquoi votre frère pense-t-il encore à moi? qu'il tâche de m'oublier ; c'est l'unique souhait qui puisse m'être permis. »

— « Si vous l'aimiez, Valéria, vous formeriez d'autres désirs : ne sera-t-il pas bientôt libre de vous offrir sa main? »

— « Je ne pourrais l'accepter, dit Valéria. »

— « Vous le haïssez donc, répondit Elvina, dont la surprise fut extrême. »

— « Non, je ne le hais point. »

— « Quel serait donc le motif de ce refus ? »

— « Puis-je entrer dans une famille qui me repousserait ? »

— « Fausse délicatesse qui vous rendrait malheureux l'un et l'autre! Quoique vous disiez, ma chère Valéria, vous serez un jour marquise de Glanford ; c'est votre amie qui vous le prédit. »

Un sourire plein de doute et de tristesse vint effleurer les lèvres de Valéria.

Enfin il fallut se séparer, et lady Elvina, les yeux baignés de larmes, s'arracha des bras de son amie dont les sanglots interrompaient les tendres adieux.

Quelques jours après cette visite, mistriss Oven reçut une nouvelle lettre du continent. En la lisant, elle parut indignée ; plusieurs exclamations lui échappèrent : mais bientôt ses larmes coulèrent en abondance, et l'indignation fit place au désespoir. Valéria, malgré la réserve qu'elle s'était imposée, ne put s'empêcher de prendre ouvertement part au nouveau chagrin de sa tante.

« Mon enfant, s'écria mistriss Oven, l'injustice triomphe, et le crime vient de remporter sa plus brillante victoire : un horrible complot nous a perdues dans l'esprit de lady Morinsdale ; elle nous exclut à jamais de sa présence. »

— « Milady nous abandonne ! dit Valéria dans une sorte de stupéfaction ; quel est donc ce nouveau mystère plus étonnant que tous les autres ? »

Mistriss Oven réfléchit un moment ; son agitation était extrême : un grand secret semblait vouloir s'échapper de son sein.

« Non, dit-elle avec force, je ne puis rompre le silence. Valéria, croyez que lady Morinsdale se repentira quelque jour, avec amertume, de l'abandon cruel........ plus cruel que vous ne pouvez le penser. Pour moi, j'ai rempli mon devoir ; j'en ai pour garant la satisfaction intérieure que j'éprouve au milieu de tous mes chagrins. Allons, mon enfant, soumettons-nous à la rigueur de notre sort; oublions l'opulence et les grandeurs où nous avons vécu, puisque Flovern est désormais le seul asile qui nous reste. »

— « Eh bien! lui dit Valéria, que nous faut-il de plus? Que m'importent les grandeurs et les richesses? elles ne donnent pas le bonheur. »

Mistriss Oven lui ouvrit ses bras, la pressa contre son sein, et dit d'une voix attendrie : « Tu as raison, mon enfant ; cet asile peut nous suffire. Plût au ciel que tu ne l'eusses jamais quitté!»

La conduite de mistriss Oven, ses discours, tout ce qui lui arrivait enfin, présentaient quelque chose d'étrange et de mystérieux qui pouvait prévenir contre elle, et inspirer des soupçons peu favorables. Le dernier événement, surtout, paraissait incompréhensible. Quoi! lady Morinsdale qui, durant tant d'années, avait chéri mistriss Oven comme on chérit une tendre sœur, lady Morinsdale repoussait aujourd'hui son amie, sa compagne, au moment où il semblait qu'elles eussent plus d'intérêt encore à demeurer unies. Quelle pouvait être la cause de cette rupture? Mistriss Oven avait parlé d'un horrible complot : mais on leur imputait à elles-mêmes les actions les plus criminelles. Quelquefois le coupable et son complice deviennent ennemis irréconciliables : était-ce là ce qu'il fallait penser de lady Morinsdale et de mistriss Oven?

Toutes ces idées assiégeaient l'esprit de Valéria qui les rejetait avec horreur, en s'accusant d'injustice et d'ingratitude envers ses deux bienfaitrices. Cependant elle déplorait sa situation vraiment extraordinaire, et un pressentiment funeste l'avertissait qu'elle n'était pas étrangère à tant d'événemens.

M. Walney, dont la passion n'avait point été ralentie par le refus qu'il avait essuyé, venait de temps en temps à la ferme. En vain la raison lui commandait

de fuir ce dangereux séjour; il suivait
un penchant irrésistible et s'abandonnait
encore à la séduction de l'espérance.
Frappé de la tristesse de Valéria, il l'at-
tribuait au dégoût de la solitude. S'il en
eût pénétré la véritable cause, ses efforts
pour éteindre sa passion auraient peut-
être été moins infructueux : en effet, il
est humiliant de soupirer pour un objet
dont le cœur est entraîné vers un autre,
et, dans ce cas, l'amour-propre blessé
doit guérir l'amour malheureux.

CHAPITRE III.

Les souffrances continuelles de l'ame épuisent le corps et hâtent le terme de sa destruction. Depuis quelque temps la santé de mistriss Oven s'altérait; son courage et ses forces déclinaient sensiblement. Valéria, dévorée d'inquiétudes, la pressait chaque jour de consulter sur son état un médecin de la ville voisine, dont la réputation était établie. Mistriss Oven, ne pouvant résister davantage aux instances multipliées de sa nièce, fit venir le docteur Wilton, qui lui conseilla d'aller prendre les eaux de Bath; mais, persuadée que son mal était incurable, elle ne voulut point entreprendre ce voyage, et prétexta son extrême faiblesse. Le docteur Wilton, qui se connaissait aux affections de l'ame, ne se trompa point sur le genre de maladie qui consumait mistriss Oven, et au lieu de lui administrer des remèdes

impuissans, il cherchait à la distraire
de ses peines secrètes par le récit de ce
qui se passait de plus curieux et de plus
amusant dans la ville qu'il habitait.
Mistriss Oven, pénétrant le dessein du
docteur, laissait quelquefois échapper
un sourire mélancolique, et retombait
bientôt dans son premier abattement.

Un jour, après une profonde médita-
tion, elle parut surmonter sa faiblesse,
et saisissant la main de Valéria, elle lui
dit : « Crois-tu, mon enfant, que ton
ame soit capable d'un grand effort? le
crois-tu?

Valéria répondit qu'elle tâcherait toujours d'obéir à son devoir.

« Cette réponse est telle que je l'atten-
dais, reprit mistriss Oven : écoutez-
moi donc avec attention, et soyez juge
entre le penchant qui vous domine et le
plus austère devoir. Valéria, continua-t-
elle, vous aimez le marquis de Glanford,
quoiqu'il ne puisse être votre époux. Je
ne vous reprocherai point cette passion
malheureuse, car je suis persuadée que

vous n'avez rien négligé pour la vaincre ; mais quand on ne peut triompher d'un penchant illégitime , il faut lui ôter tout ce qui peut servir à l'entretenir : l'espérance nourrit l'amour ; eh bien ! Valéria, détruisons l'espérance ! »

Elle s'arrêta un moment , et reprit d'une voix plus faible : « Tant que vous serez libre , vous conserverez ce penchant fatal , et le marquis de Glanford, qui vous aime assez pour vous sacrifier des préjugés respectables et même la soumission qu'il doit à sa mère , le marquis de Glanford luttera contre sa famille qui veut lui faire épouser une *femme de son rang*. Cependant voudriez-vous , quand même il pourrait aujourd'hui disposer de sa main sans l'aveu de la marquise, voudriez-vous entrer dans une famille où vous apporteriez la désunion , et qui n'aurait jamais pour vous que haine et que mépris? Voudriez-vous attirer sur la tête du fils la malédiction de l'implacable mère ? Voudriez - vous enfin vous exposer aux reproches que votre époux lui-même serait un jour dans le cas de vous adresser, lorsque sa passion serait ralentie? Non, Valéria, vous avez l'ame trop généreuse, et j'ai su vous inspirer de plus nobles sentimens. »

Elle s'arrêta encore, et regardant sa nièce avec attendrissement, elle poursuivit : « Voici d'autres considérations qui se joignent à celles dont je viens de vous entretenir. De longs chagrins renfermés dans mon cœur, et les derniers coups qui m'ont été portés précipitent la fin de ma carrière; le jour n'est pas éloigné, peut-être, où il faudra nous quitter pour jamais. Et vous, sans parens, presque sans amis sur la terre, que deviendrez-vous, mon enfant? »

Ici Valéria ne put retenir ses sanglots, et des larmes roulèrent dans les yeux de mistriss Oven :

« Hélas! reprit-elle, j'avais l'espoir de vous assurer un destin brillant, et je m'applaudissais de l'innocent artifice..... Le ciel m'en a punie : un événement

affreux et imprévu a détruit mon ou-
vrage, a renversé tous mes projets. Ce
qui m'afflige le plus aujourd'hui, c'est
l'incertitude de votre avenir, ce sont
les dangers qui vous menacent. Je ne
doute pas que vous ne soyez fidelle à
l'honneur, à la vertu; mais le jeune
marquis vous adore, et vous ne pourrez
l'empêcher de venir à Flovern. Alors,
quoique pure et irréprochable, vous
serez en butte aux traits les plus acérés
de la calomnie; et vous savez trop de
quoi sont capables pour vous nuire la
marquise et lady Colma. Il n'est qu'un
seul moyen de parer à tant d'inconvé-
niens; il faut vous donner un appui
respectable.......... il faut épouser
M. Walney. »

Valéria, qui s'attendait presque à cette
conclusion, témoigna peu de surprise,
et répondit en pleurant amèrement :
« Si je vous perds, puis-je désirer de
vivre? Le ciel m'est témoin que pour
vous conserver, je me soumettrais à tous
les sacrifices. »

—» Je le crois, mon enfant, lui dit mistriss Oven d'une voix pleine d'émotion ; mais il est trop certain que mon heure s'approche, et je vous devrai la seule satisfaction que je puisse goûter encore. Jetez un regard profond sur votre sort présent, sur votre avenir ; pesez bien toutes les raisons que je viens de vous exposer, et dans deux jours vous m'instruirez de votre résolution. »

Valéria sentait toute la sagesse d'un conseil dicté par l'amitié la plus tendre. En épousant M. Walney, elle se donnait un état fixe, elle se mettait à l'abri des persécutions de la marquise, et adoucissait l'amertume des derniers instans de mistriss Oven. Telle serait la compensation de son dévouement. Mais Ethelbert, le sensible Ethelbert, que deviendrait-il à cette accablante nouvelle? Quel prix de tant d'amour, de tant de générosité! Est-ce donc ainsi qu'elle a dû reconnaître le noble attachement de lady Elvina? Ethelbert et sa sœur n'au-

ront-ils pas le droit de l'accuser d'ingratitude et de fausseté ? Elle songeait
encore aux souffrances de son propre
cœur. « Qu'il doit être affreux, pensait-
elle, de conserver dans les bras d'un
époux estimable l'éternel souvenir d'un
amant adoré ! » Ces réflexions diverses
agitaient son esprit et lui faisaient éprouver toutes les angoisses de l'incertitude.
Enfin, après de lóngs et pénibles combats,
elle eut le courage d'annoncer à mistriss
Oven que ses vœux seraient accomplis.

Mistriss Oven l'embrassa tendrement,
et lui dit que non-seulement elle trouve-
rait dans son cœur le prix d'un si noble
sacrifice, mais que Dieu l'en récompen-
serait en lui donnant la tranquillité. Elle
ajouta que, se sentant affaiblie de plus
en plus, elle désirait que la célébration
du mariage eût lieu promptement, afin
qu'elle y pût assister. « Huit jours, dit-
elle, suffiront pour remplir les forma-
lités nécessaires : veux-tu, mon ange,
fixer le terme de huit jours ? »

Valéria, le cœur gros de soupirs, lui

répondit qu'ayant pris sa détermination, l'époque lui était indifférente. Mistriss Oven l'embrassa une seconde fois, et leurs larmes se confondirent.

Le soir même, en l'absence de Valéria, M. Walney entra dans la ferme. Mistriss Oven se hâta de lui apprendre l'heureuse nouvelle. Quelles furent la surprise et la joie de cet estimable jeune homme! Il voulait courir au bosquet pour se jeter aux pieds de Valéria; mais mistriss Oven s'y opposa, et lui dit qu'il remercîrait sa nièce dans un autre moment. Comme elle avait des motifs particuliers pour que le mariage fût célébré secrètement et sans pompe, et que d'ailleurs son affaiblissement ne lui permettait pas d'aller à Abéravon, il fut arrêté entre elle et M. Walney que la cérémonie se ferait dans la chapelle abandonnée; qu'au dernier rayon du jour, il s'y rendrait avec le ministre chargé de faire la célébration, et qu'ils donneraient le signal de leur arrivée par trois coups de cloche sonnés lentement. Tout étant réglé de cette manière,

M. Walney quitta mistriss Oven pour retourner à Abéravon. Ayant rencontré Valéria qui revenait de la promenade, il lui exprima tout l'excès de sa reconnaissance, et voulait la conduire jusqu'à la ferme; mais elle lui fit observer que Johanna, qui était survenue, suffisait pour l'accompagner, et il n'insista point.

Le lendemain et les jours suivans, M. Walney fut assidu auprès de miss Oven. Touché de sa tristesse, il lui demanda si en faisant le bonheur d'autrui elle n'était pas heureuse elle-même. Valéria demeura silencieuse; mais son regard semblait dire : Ah! le bonheur n'est plus fait pour moi.

La veille du jour fatal, elle se promenait seule au bosquet. Sa démarche vive et inégale annonçait la violente agitation de son ame : son visage était enflammé; elle levait de temps en temps les yeux vers le ciel. Tout à coup Ethelbert, qui se rendait à la ferme, l'ayant aperçue, entra dans le bois et se présenta devant elle. Valéria changea de couleur et fut obligée de s'appuyer contre un arbre. Ethelbert lui demanda la cause de cette émotion : elle l'attribua à son arrivée imprévue.

« Je vous revois enfin , lui dit-il avec tendresse : oh! quand viendra le temps où nous ne serons plus jamais séparés! »

Un tressaillement subit agita le sein de Valéria.

« Quel trouble s'empare de vous? lui dit son amant , et d'où vient cet accueil qui me glace? »

— «Pardonnez , répondit Valéria dans une sorte d'égarement; si vous saviez, milord........ »

— « Achevez , s'écria le jeune marquis; vous me faites frémir. »

Valéria devint pâle et fut interdite. Ethelbert la regardait avec une surprise mêlée d'effroi.

Elle dit enfin , pour réparer son imprudence : « Vous ignorez , milord, l'état alarmant de mistriss Oven ; sa santé décline tous les jours , et je suis menacée de la perdre. »

— « Combien je participe à votre inquiétude ! lui dit Ethelbert : mais peut-
être le danger n'est-il pas aussi grand
que vous paraissez le craindre. Me sera-
t-il permis de voir mistriss Oven ? »

— « Je vous afflige malgré moi, répondit Valéria, les larmes aux yeux ;
mais, de grâce, ne revenez plus à Flovern. Adieu, milord ; ne m'accusez
point........ oubliez seulement l'infortunée Valéria ? »

— « Quel étrange discours ! Non,
madame, je n'accepte point cet adieu
funeste. Un secret affreux semble peser
sur votre cœur ; il faut que je découvre
ce mystère, et je vous suis à la ferme. »

— « Gardez-vous en bien, milord,
dit-elle avec précipitation, mistriss Oven
sommeille, et vous ne voudriez pas
troubler les courts instans de son repos. »

— « Quel jour puis-je donc espérer
de vous revoir ? lui demanda-t-il d'un
air triste et suppliant. »

— « Oh! jamais! s'ecria-t-elle ; » et,

légère comme un trait, elle s'échappa et fut bientôt rendue à la ferme.

Ethelbert demeura plongé dans la stupéfaction. En réfléchissant au trouble, aux discours de Valéria, il fut persuadé qu'on lui cachait un secret important ; mais il était loin de soupçonner l'irréparable malheur qui menaçait son amour.

CHAPITRE IV.

A la veille d'un grand sacrifice, l'ame est en proie à de mortelles angoisses : on voudrait hâter, on voudrait reculer l'instant fatal : ce moment arrive; il est moins affreux que tous ceux qui l'ont précédé.

La nuit qui venait de s'écouler avait été pour Valéria un long et douloureux supplice : ni l'éclat du jour, ni la fraîcheur du matin n'avaient pu calmer le désordre de ses sens; elle avait pris sa harpe, mais ses doigts étaient restés immobiles. Pénétrée d'une inexprimable douleur, elle se représentait l'amant le plus tendre et le plus fidèle en proie à toute la violence de son désespoir, lui reprochant une odieuse trahison, et maudissant le jour où il l'avait connue : elle se voyait elle-même consumée d'un noir chagrin, et payant par une froide indifférence l'attachement d'un époux

vertueux ; enfin , elle regrettait avec
amertume le fatal consentement que mistriss Oven lui avait arraché : « Le présent m'accable, et l'avenir m'épouvante,
s'écria-t-elle dans son découragement :
ô Dieu ! daigne abréger une vie destinée
à tant de maux ! » Cependant une voix
intérieure lui rappela ses devoirs sacrés :
Valéria l'entendit et rougit des excès
où peuvent entraîner les passions. Elle
pria l'éternel de lui pardonner son égarement, de ranimer son courage , et insensiblement une tristesse profonde succéda
dans son cœur à l'orage qui l'avait boule-
versé.

Déjà le soleil penchait vers l'océan , et
les heures s'envolaient avec rapidité.
Valéria était vêtue de la robe nuptiale ;
on voyait sur son front une couronne
de lis, touchant symbole de sa virginité
et de l'innocence de son ame. De temps
en temps mistriss Oven laissait tomber
sur elle un regard de compassion ; Johanna retenait à peine ses sanglots ; les
yeux de mistriss Aterson étaient mouillés

de quelques larmes. Valéria seule paraissait tranquille : c'était le calme du désespoir.

Les voiles de la nuit commençaient à
se déployer, et le signal convenu ne se
faisait point entendre. Mistriss Oven,
craignant quelqu'obstacle imprévu, ne
pouvait dissimuler son inquiétude. Enfin
la cloche de la chapelle, silencieuse depuis tant d'années, sonna trois coups
qui retentirent jusqu'au cœur de Valéria;
il lui sembla que c'était sa dernière heure.

« Quel son lugubre ! s'écria Johanna,
il ressemble à celui de la mort. »

Mistriss Oven parut mécontente, et
lui ordonna de supprimer ses réflexions.

« Partons, dit-elle à Valéria. » Et elles
sortirent de la ferme.

Valéria et mistriss Aterson marchaient
les premières; mistriss Oven, soutenue
par Johanna, les suivait d'un pas chan-
celant.

« Quel hymen ! disait en elle-même
l'infortunée Valéria; sous quels auspices,
dans quel lieu va-t-on le célébrer? Au

milieu des ruines, près d'un tombeau, dans l'obscurité de la nuit et sous les yeux d'une femme mourante ! Hélas ! tout est conforme à la douleur qui me tue. »

Elles arrivèrent à la chapelle où les attendaient M. Walney et le ministre qui devait célébrer le mariage ; il y avait aussi deux habitans d'Abéravon pour servir de témoins. La chapelle était faiblement éclairée par deux flambeaux dont la lueur vacillante parvenait à peine jusqu'aux sombres vitraux. On avait placé sur l'autel un grand crucifix ; la tombe de Zabella était couverte d'un tissu blanc. Valéria, pâle et défaillante, se mit à genoux à côté de M. Walney. Le silence était profond, et ce calme religieux et solennel, augmenté par le mystère de la nuit, inspirait une sorte d'effroi dont il était impossible de se défendre. Johanna ressemblait à la statue de la terreur ; c'était surtout vers les ruines que se portaient ses regards inquiets : on eût dit qu'elle cherchait à découvrir quelque objet dont elle attendait ou craignait l'apparition.

La cérémonie était commencée ; le ministre achevait une courte exhortation, lorsqu'un cri perçant, sorti du sein des ruines, fit retentir les voûtes de la chapelle. Le trouble devint général : Valéria tomba évanouie entre les bras de M. Walney ; Johanna s'élança vers elle en s'écriant : « Ma jenne maîtresse est morte ! » Mistriss Oven, tremblante et interdite, ne pouvait quitter son siège, et la bonne Aterson, prosternée sur la tombe, invoquait tout haut les ombres de John et de Zabella, tandisque le ministre et les deux habitans d'Abéravon parcouraient les ruines, et regardaient autour de la chapelle pour tâcher de découvrir l'auteur du cri mystérieux : mais tout était désert, et aucun bruit étranger ne troublait le silence de la nuit et de la solitude. Cependant l'évanouissement de miss Oven continuait, et on se hâta de la transporter à la ferme. Le mouvement lui rendit peu à peu l'usage de ses sens , et lorsqu'elle fut arrivée , elle dit à Johanna d'une voix faible : « Où sommes-nous ? n'est-ce point un songe qui m'a fatiguée par ses illusions ? »

« Consolez-vous , madame , lui répondit Johanna en baissant la voix ; consolez-vous, vous n'êtes point mistriss Walney. »

— « Quel est donc ce cri douloureux qui semble encore retentir à mon oreille ? »

— «Vous le saurez, madame, repartit Johanna ; maintenant demeurez tranquille ; le repos vous est bien nécessaire.»

M. Walney , après avoir exprimé à Valéria tout l'excès de sa peine , reprit en soupirant le chemin d'Abéravon. Miss Oven ne put goûter un seul instant de sommeil, et Johanna passa la nuit auprès d'elle.

« Madame , lui dit-elle , vous m'avez demandé quel est ce cri qui a interrompu la cérémonie : ma grand'mère prétend que c'est l'ombre de John ou de

Zabella, dont la voix s'est fait entendre ; mais moi, qui sais à quoi m'en tenir, je vais vous apprendre ce que personne ne peut soupçonner. Hier, j'ai rencontré le jeune lord qui revenait du bosquet. « Johanna, m'a-t-il dit avec un air égaré, je suis au désespoir ; ta jeune maîtresse m'a défendu de retourner à Flovern ; elle-même paraît extrêmement troublée : je t'en conjure, ma chère Johanna, donne-moi l'explication de ce mystère. »

— « Milord, lui ai-je répondu, ma maîtresse est bien malheureuse ; c'est tout ce que je puis vous dire. »

— « Il m'est impossible, madame, continua Johanna, de vous peindre l'état de milord ; il m'a priée, de la manière la plus touchante, de lui confier le sujet de votre peine : je crois même qu'il a été tout prêt à se jeter à mes genoux ; et moi, qui ai le cœur sensible, je n'ai pu retenir mes larmes. Je ne sais si j'ai bien ou mal fait, mais mon trouble était si grand, j'étais si touchée du désespoir de milord que, malgré moi, je me suis

écriée : « Trouvez-vous demain , à l'entrée de la nuit, parmi les ruines de la
chapelle. » Aussitôt j'ai pris la fuite sans
répondre à milord qui me demandait
une explication. Maintenant , madame,
il vous est facile de deviner quel est
l'auteur du cri que nous avons entendu.»

« Ma chère Johanna , lui dit miss
Oven, c'est donc toi qui m'as sauvée !
Tu m'as bien prouvé ton attachement, et
tu peux compter sur ma reconnaissance.

Johanna était au comble de la joie, et
ne cessait de s'applaudir d'avoir contribué à rompre un mariage qui était loin
de lui plaire.

Mistriss Oven n'avait point reposé ; la
secousse qu'elle venait d'éprouver l'avait
tout-à-fait abattue. Elle fit appeler Valéria et lui dit qu'elle était satisfaite de
son dévouement ; que, sans vouloir approfondir l'événement de la veille ; elle
était bien persuadée que Valéria n'en
était point avertie ; que, voyant bien
que cette union la rendrait malheureuse,
elle se chargeait d'annoncer à M. Wal-

ney qu'il fallait renoncer à un hymen rompu d'une manière si étrange. Valéria remercia sa tante, et lui dit que ses volontés seraient toujours sacrées pour elle.

M. Walney, en proie à de mortelles inquiétudes, vint s'informer de la santé de miss Oven ; il la trouva languissante et rêveuse. Le jeune ministre déplora son propre malheur ; il parla de l'obstacle qui avait différé leur union au moment où elle allait se former, et lui demanda ce qu'elle pensait de cet événement. Valéria répliqua qu'il avait été témoin de sa surprise et de l'effet qu'elle avait produit ; que depuis ce moment le trouble de son ame avait empêché qu'elle réfléchît profondément à ce qui s'était passé.

Il se rendit à l'appartement de Mistriss Oven, qui lui déclara sans détour sa nouvelle résolution fondée non-seulement sur l'obstacle mystérieux apporté à la cérémonie, mais encore sur l'éloignement de sa nièce pour le mariage.

« M. Walney, ajouta-t-elle, vous avez vu la soumission de Valéria et le désir que j'avais de contribuer à votre bonheur; mais maintenant il n'y faut plus penser. »

— « Madame, répondit M. Walney, j'étais loin de m'attendre à une pareille déclaration; je ne vous en demande point les véritables motifs; peut-être un jour me sera-t-il permis de les découvrir. »

M. Walney se retira, livré au dépit, à l'incertitude et au chagrin de l'espérance trompée. Il est affreux de voir renverser l'édifice de son bonheur au moment où l'on croit qu'il va s'achever!

◆◈◆

CHAPITRE V.

On aime à revoir les lieux où l'on faillit succomber à quelque grand danger ; on s'y arrête involontairement, et le cœur éprouve une sensation mêlée de plaisir et de tristesse.

Le temps était calme et serein : Valéria, pour ranimer ses esprits abattus, eut envie de faire une courte promenade, et tourna ses pas du côté de la chapelle. « C'est donc ici, dit-elle avec l'accent de la mélancolie, c'est ici que j'allais m'enchaîner pour toujours à un homme que j'estime, mais que je ne puis aimer ! Oh ! quelle douloureuse épreuve ! »

En jetant ses regards sur les ruines, elle aperçut le marquis de Glanford qui était debout, et dont le visage était couvert de pâleur. Il s'approcha et lui dit d'un ton plein d'amertume : « Venez-vous, madame, achever le mystérieux hymenée ? Applaudissez‑vous bien d'un artifice dont j'étais le victime. Ah Dieu! quelle cruauté! »

« Calmez-vous, milord, lui répondit Valéria : un rigoureux devoir me commandait ce sacrifice. »

— « Quelle froideur! s'écria l'ardent Ethelbert : savez-vous que mon trépas aurait été le fruit de votre hymen? »

— « Je sais qu'en faisant votre malheur, je faisais aussi le mien, et peut-être celui de l'homme estimable qui devenait mon époux. »

— « Ah! ne me parlez point de cet homme que j'abhore. Non, perfide, si vous ne l'eussiez pas aimé, rien n'aurait pu vous contraindre à lui donner votre main! Mais pourquoi me laissiez-vous dans une erreur si fatale? Que ne me disiez-vous : « Un autre a touché mon cœur; n'entretenez point une fausse espérance.» A cet aveu, je serais peut-être mort de douleur, mais du moins je serais mort sans vous accuser! »

Valéria, piquée de l'amertume de ses

reproches , lui répondit avec dignité :
« Je ne croyais pas, milord, vous avoir
transmis le droit de régler mes actions ;
je ne croyais pas surtout que vous dus-
siez jamais me soupçonner d'artifice et
de perfidie. »

— « Oh! pardonnez, s'écria-t-il en
tombant à ses genoux , pardonnez à
l'excès de mon désespoir! »

Valéria, d'un air plein de bonté, lui
tendit une main qu'il couvrit de ses
baisers : « Quel est donc , lui dit-il ,
ce devoir barbare qui nous perdait tous
les deux ? »

Valéria répondit en versant des larmes:
« Vous savez que mistriss Oven est
presque mourante ; elle m'a dit : « Mon
enfant, tu vas rester sans aucun sou-
tien sur la terre : en épousant M. Walney, tu te donneras un appui, et tu me
procureras l'unique satisfaction que je
puisse goûter encore. « Ai-je dû , par un
refus inhumain , empoisonner ses derniers instans ? »

— « La cruelle ! que lui ai-je donc

fait pour vouloir ma mort? Que serais-je
devenu si Johanna, sensible à ma peine,
ne m'eût averti mystérieusement de ce
qui se préparait. Profitant de son avis,
j'ai passé la journée entière parmi les
ruines, craignant qu'on n'avançât l'heure
de la fatale cérémonie ; et si le cri que
j'ai fait entendre ne l'eût point suspen-
due, je me précipitais vers l'autel, je vous
arrachais des bras mêmes de Walney ; et
nulle puissance ne m'eût fait consentir
à me séparer de vous. O Valéria! Valéria! délivrez-moi du plus affreux des
supplices ; promettez de ne point épouser
M. Walney ; et moi, devant ce crucifix,
je jure de n'avoir d'autre épouse que
Valéria Oven! »

Il prit la main de Valéria, et la plaçant
sur l'autel : « Dites que vous n'épouse-
rez point M. Walney. »

— « Je le promets, dit Valéria. »

— « J'y consens, dit une voix étrangère. »

Ethelbert et Valéria, saisis d'étonnement, se retournèrent et aperçurent

M. Walney immobile au milieu des ruines.

— «Adieu, miss Oven, continua-t-il, je rends grâce au ciel de ce que notre hymen est rompu. »

Il disparut en achevant ces mots.

« Le traître ! il ose encore nous épier, dit le marquis de Glanford ; je ne sais qui me retient. . . . . »

— « Pardonnez-lui, interrompit Valéria ; il est assez malheureux. »

Ethelbert voulait accompagner [son amante à la ferme ; elle s'y opposa, et, en rougissant, elle l'instruisit des odieux soupçons que la marquise avait manifestés. L'indignation d'Ethelbert se peignit dans ses yeux ; il allait s'emporter contre sa mère ; mais Valéria se hâta de continuer :

« Je suis persuadée , milord , que ma réputation vous est chère : eh bien ! je vous en conjure, cessez de venir à Flovern ; laissez calmer des passions qu'une résistance ouverte aigrirait davantage. Le temps peut amener des événemens qui rendraient moins difficile. . . . . »

Ethelbert, dont le visage rayonnait de plaisir et d'espérance, attendait impatiemment la fin de cette phrase : Valéria ne l'acheva point, mais elle dit en baissant les yeux :

« Croyez, milord, que si mon devoir cesse un jour de contrarier mes vœux, vous ne m'accuserez point d'ingratitude. »

Ethelbert ayant obtenu cet aveu tant de fois sollicité, consentit au sacrifice exigé par son amante, et la quitta, non sans lui avoir fait de nouvelles protestations de tendresse et de constance.

Que l'amour se flatte et s'abuse aisément ! Valéria, convaincue de la sincérité des sentimens d'Ethelbert, fut sur le point de se persuader que leur union n'était pas tout-à-fait impossible ; que la marquise, gagnée par les prières et la persévérance de son fils, y donnerait peut-être son consentement. Mais une réflexion plus profonde sur le caractère

de cette femme altière et inflexible, lui
fit sentir toute l'illusion de cette espérance. Ne pouvait-elle cependant, lorsque le jeune marquis serait libre, accepter sa main, et faire ainsi leur bonheur mutuel? Valéria le pouvait sans
doute; mais son devoir s'y opposait.
Eh! qu'importe? dira-t-on; n'est-il pas
permis, pour se rendre heureux, de
passer sur de vains scrupules qui sont
le partage des ames faibles et vulgaires?
Hélas! dans le siècle où nous vivons,
il n'est que trop commun de voir pra-
tiquer de semblables maximes.

CHAPITRE VI.

Ce mónde est un exil où la vertu soumise aux épreuves les plus pénibles, trouve à peine un cœur qui daigne la consoler : d'un œil suppliant elle regarde le ciel; c'est là son véritable séjour. Mistriss Oven ne regrettait point la vie qu'elle était près de quitter. Si quelque chose troublait ses derniers momens, c'était l'idée de l'abandon où elle laissait Valéria ; mais elle se tranquillisait en la recommandant à celui qui prend soin de l'orphelin sans défense , et qui le met à l'abri des trames ourdies par les méchans. De son côté, Valéria , désespérée , demandait au ciel de prolonger les jours de sa tante , ou de précipiter la fin de sa propre carrière. Ayant reçu une lettre de lady Elvina, elle en fit aussitôt la lecture à mistriss Oven.

« Ma bien-aimée Valéria,

» Je m'empresse de vous instruire
» d'un grand événement que le ciel
» a permis, sans doute, pour venger
» l'innocence qu'on a voulu flétrir.
» Sir Frédéric Sommerton a été arrêté
» à Glanford-Castle en vertu d'un ordre
» supérieur, et conduit à Londres où
» il est retenu en prison. Comme sir
» Frédéric est allié à notre famille par
» son mariage avec lady Morinsdale,
» mon frère s'est hâté de partir afin
» de savoir ce qui a pu donner lieu à
» cette mesure rigoureuse. Vous pouvez
» vous faire une idée de la conster-
» nation qui règne ici. Ma mère et ma
» sœur tremblent pour l'honneur de
» la famille qui se trouve étrangement
» compromis ; leur confusion perce à
» travers leurs craintes : on dirait
» qu'elles se repentent de leur pré-
» vention pour cet homme, qui ne
» m'a jamais inspiré qu'un insurmon-
» table éloignement. Miss Harvel est

» dans la désolation , car elle affec-
» tionnait sir Frédéric , et j'ai toujours
» été surprise que ma mère et ma sœur
» ne se soient pas aperçues de l'inti-
» mité qui existait entre eux. L'ima-
» gination de ces dames ne peut rester
» oisive : elles prétendent que l'empri-
» sonnement de sir Frédéric est le fruit
» d'une nouvelle intrigue de lady Som-
» merton et de mistriss Oven.
» On reçoit à l'instant une lettre de
» mon frère : il annonce que sir Fré-
» déric est accusé du crime de bigamie.
» Pendant son séjour au Bengale , Som-
» merton a épousé une femme qu'il a
» ensuite abandonnée pour revenir en
» Angleterre. Mon frère a employé tout
» son crédit et celui de ses amis pour
» assoupir cette affaire déshonorante ;
» il y est parvenu, et l'infâme Sommerton
» doit être embarqué pour la Jamaïque
» où son exil ne finira qu'avec sa vie.
» Cet homme , convaincu d'un si grand
» crime , ne peut-il pas en avoir commis
» de plus grands encore ? Ah ! sans

» doute le mystère de son premier exil
» cache un épouvantable forfait. Grâce
» au ciel, nous sommes à jamais dé-
» livrés de la présence de ce scélérat !
» Je voudrais qu'on envoyât aussi miss
» Harvel à la Jamaïque ; je voudrais
» que tous les ennemis de Valéria.......
» Quel vœu allais-je former ? dois-je
» oublier que vos plus cruels ennemis
» sont à Glanford-Castle ? Voici ce qu'ils
» viennent encore de publier : ils assu-
» rent, je ne sais sur quel fondement,
» que votre naissance est illégitime ;
» que lady Sommerton l'ignorait, et
» qu'indignée contre mistriss Oven dont
» le stratagême est connu, elle vous a
» défendu à l'une et à l'autre de jamais
» paraître devant elle. Est-il vrai que
» lady Morinsdale ait eu la cruauté
» de vous abandonner ?

» Ma mère m'a fait défense, avec
» des menaces terribles, de vous ap-
» prendre le crime et le nouvel exil
» de Sommerton ; mais moi, que l'in-
» justice irrite, j'ai voulu que mistriss

» Oven fût instruite de cet événement
» qui pourra contribuer à rétablir sa
» santé. L'état de maladie où elle se
» trouve m'afflige singulièrement : que
» Dieu veuille vous la conserver ! S'il
» en arrive autrement, et si vous ne
» devez plus compter sur la protection
» de lady Morinsdale, croyez, ma chère
» Valéria, que, dans tous les temps,
» vous aurez une consolatrice et un
» appui dans votre amie sincère,

Elvina WANESBURY. »

Après la lecture de cette lettre,
mistriss Oven s'écria : « O mon Dieu ! je
te rends grâce ; tu n'a pas voulu que je
mourusse avec le chagrin de voir le
crime entièrement impuni : le châtiment
est trop léger mais que ta volonté s'ac-
complisse ! Maintenant, dit-elle à Valéria,
lady Morinsdale peut revenir de France :
puisse-t-elle aussi, mon enfant, réparer
son injustice envers vous, et vous rendre
tous les droits dont elle vous prive avec
tant de rigueur ! »

Ces derniers mots causèrent à Valéria une extrême surprise, et un regard qu'elle jeta sur sa tante semblait lui demander une explication; mais mistriss Oven n'ajouta rien à cette phrase mystérieuse. La nouvelle de l'exil de Sommerton fut la dernière consolation qu'elle éprouva; elle paraissait n'avoir plus que quelques jours à vivre, et Valéria, malgré ses instances, passait les jours, les nuits entières dans son appartement.

« O ma chère Valéria ! dit mistriss Oven, d'une voix languissante, vous avez pour moi les tendres soins qu'une fille prodiguerait à sa mère. »

Valéria répondit avec une profonde émotion : « Quelle mère témoigna jamais à son enfant plus de tendresse et de bonté que mistriss Oven à sa nièce ! »

— « Plût au ciel que je fusse votre tante ! répartit mistris Oven. »

Valéria, frappée d'une indicible étonnement, demeura immobile et sans voix. Enfin elle s'écria douloureusement :

« Je ne suis point votre nièce ! Il est donc vrai que ma naissance est illégitime ! »

Mistriss Oven lui dit de prendre, dans un meuble qu'elle lui désigna, des papiers cachetés avec de la cire noire. Valéria obéit ; et mistriss Oven dit avec attendrissement :

« Ces papiers contiennent l'histoire de votre naissance et des malheurs de votre mère : vous ne les lirez qu'après ma mort. »

Valéria lui demanda si elle avait connu sa mère.

« Je l'ai vu naître, répondit mistriss Oven. »

— « Voit-elle encore le jour ? lui dit Valéria. »

Mistriss Oven répondit d'un ton solennel : « Le souffle du crime a flétri sa jeunesse ; elle a dépéri comme la fleur transplantée au désert, et cette fille du malheur et de l'exil n'a trouvé le repos que dans la tombe. »

Valéria versa d'abondantes larmes ; tribut légitime payé à la mémoire d'une mère infortunée !

« Et mon père ? demanda-t-elle d'une voix tremblante. »

—» Votre père ! s'écria mistriss Oven, dont la pâleur mortelle venait d'être effacée par la rougeur de l'indignation ; votre père ! c'est un monstre : toutes les vengeances du ciel accumulées suffiraient à peine au châtiment de ses crimes. Puisse du moins le remords dévorant s'attacher à son sein , et empoisonner tous les instans de sa vie ! »

— « Ah plutôt ! souhaitez-lui la paix, dit Valéria pénétrée d'horreur. »

—« La paix ! il n'en est plus pour le crime ; et tandis que l'innocent opprimé termine sa carrière avec l'espérance d'un meilleur sort , le coupable traîne jusqu'au tombeau son supplice et sa honte ; il meurt désespéré , et ne laisse après lui qu'une mémoire justement abhorrée. »

Ici un léger délire s'empara de mistriss Oven : « Mon enfant, dit-elle à
Valéria, croirais-tu bien que c'est moi
qui suis cause de ton malheur? Oui,
j'aurais dû t'ensevelir dans l'obscurité
où ton aïeule t'avait condamnée à vivre :
tu serais plus heureuse. »

Valéria écoutait avec attention, espérant que mistriss Oven laisserait échapper une partie du fatal mystère.

« Mais pouvais-je, continua mistriss
Oven, résister aux tendres supplications
de ta mère? Elle me fit promettre de
ne point t'abandonner, et cependant,
Valéria, il faut que je t'abandonne ! »

Elle ajouta en la regardant d'un œil
où l'égarement se mêlait à la pitié :
« Pauvre orpheline, sans appui, sans
consolation sur cette terre de douleurs! »

Puis, avec un sourire presque effrayant
et d'une voix mystérieuse : « Valéria,
renferme-toi dans le tombeau de ta
mère! »

Les sanglots oppressaient le cœur de

Valéria : « Oh! oui, s'écria-t-elle, c'est là mon unique asile. »

« Que vois-je ? poursuivit mistriss Oven; une femme qui porte un voile de religieuse : n'est-ce pas la sœur Sainte-Adélaïde ? Ah! ne me reproche rien, Ophélia; ce n'est pas moi qui t'ai reléguée dans le cloître. Il est vrai que je t'ai conduite en France, mais pardonne! ta mère l'exigeait. Tu sais d'ailleurs tout ce que j'ai fait pour toi : n'en parle jamais, Sainte-Adélaïde; ta mère est inflexible, et je serais en butte à tous les traits de sa vengeance! »

A ce discours, Valéria frémit et ne douta plus que la malheureuse Ophélia n'eût été sacrifiée.

Tout à coup mistriss Oven s'agita d'une manière effrayante; ses nerfs se contractèrent; une sueur glacée découlait de son front.

« Le voilà! c'est lui, s'écria-t-elle : voilà cette physionomie séductrice, ces dehors trompeurs qui cachent une ame si profondément dépravée ! O mon enfant ! qui pourra te soustraire à ses piéges ? L'innocence, les liens du sang, rien n'est sacré pour lui : tu seras victime de son infernale passion ! »

Un évanouissement succéda à ces transports qui l'avaient épuisée : on crut qu'elle avait cessé de vivre, mais son existence se prolongea jusqu'au lendemain, quoiqu'elle eût perdu tout-à-fait l'usage de ses sens. Le désespoir de Valéria fut égal à la grandeur de sa perte, et à l'attachement filial qu'elle avait pour mistriss Oven. Anéantie par la douleur, et presque inanimée, elle demeurait auprès du lit funèbre ; mais on la conduisit dans son appartement, où elle resta jusqu'après les funérailles, auxquelles il lui fut impossible d'assister.

Mistriss Oven, par un testament fait quelque temps avant sa mort, avait disposé de ses biens en faveur de Valéria : ainsi, quoique abandonnée de lady Morinsdale, cette intéressante orpheline pouvait vivre dans une aisance souvent préférable aux richesses que la fortune dispense aveuglément. Mais il est des mortels qui semblent prédestinés au malheur, et qui, sortant du banquet de la vie, n'ont connu que ses amertumes.

CHAPITRE VII.

Le ciel était couvert de sombres nuages, l'aurore semblait à regret quitter le sein des eaux. Valéria, qui goûtait peu les douceurs du sommeil, se rendit au bosquet, et, se plaçant sur un siége de gazon, elle brisa d'une main tremblante la cire noire qui scellait l'écrit laissé par mistriss Oven. Elle lut d'abord les lignes suivantes, non sans verser des larmes bien amères.

« Ma chère Valéria,

» Quand vous lirez cet-écrit, mon
» ame, *long-temps* froissée par le cha-
» grin, jouira de la paix du tombeau.
» Victime des passions d'autrui, j'ai
» vu le poison de la calomnie s'épancher
» sur ma vie entière, et mes actions les
» plus innocentes noircies par l'injus-
» tice et la haine insensée. J'aurais pu me
» justifier en dévoilant un crime affreux ;
» mais à cause de vous, à cause de lady

3 *

» Morinsdale j'ai tout souffert en silence.
» Quel a été le prix de mon dévouement?
» Milady elle-même a comblé la mesure
» de mes peines. J'avais résolu de vous
» laisser ignorer le grand et terrible
» secret renfermé dans mon cœur, mais
« accablée sous le poids des plus infâmes
» accusations, il est juste que je vous
» fasse connaître mon innocence; et si
» vous avez pu douter que je fusse irré-
» prochable, je veux du moins que ma
» mémoire soit pure à vos yeux. Vous
» frémirez plus d'une fois, Valéria, en
» parcourant cet écrit fatal; cependant
» ne vous abandonnez point au déses-
» poir, et ne rougissez pas du malheur
» de votre naissance : c'est au crime
» seul de rougir; sa honte ne peut en
» devenir une pour la vertu. »

HISTOIRE

DE LADY OPHÉLIA.

Isabella, fille d'Edouard, marquis de Glanford, était restée veuve à l'âge de trente ans, et n'avait eu de son union avec le comte de Morinsdale qu'une fille nommée Ophélia. La comtesse douairière, qui habitait l'Irlande, son pays natal, avait voulu qu'Ophélia lui fût confiée dès sa plus tendre enfance, afin de l'élever dans la religion catholique qu'elle professait elle-même. Il était pénible pour Isabella, qui avait perdu son mari, d'être encore privée de sa fille unique ; mais la comtesse était très-âgée, et c'eût été lui porter un coup mortel que de lui enlever sa petite-fille. Isabella, depuis son veuvage, avait refusé toutes les offres d'hymen qui lui avaient été faites, et elle paraissait résolue à ne point s'engager dans de nouveaux liens. Non loin de Morinsdale-Castle, séjour ordinaire d'Isabella, était venu demeurer un jeune baronnet nommé Frédéric Sommerton. Ses parens ne lui avaient laissé qu'une fortune médiocre, mais il avait reçu de la nature et de l'éducation tout ce qu'il faut pour plaire et pour séduire. A son aspect,

Isabella sentit un feu qui lui était inconnu ; elle perdit sa tranquillité. Sir Frédéric ne tarda point à s'apercevoir du penchant qu'il avait fait naître ; il résolut d'en profiter, et il offrit à l'aimable veuve et son cœur et sa main. Lady Morinsdale avait dix ans de plus que son amant, et cette différence d'âge la rendit long-temps incertaine ; mais enfin l'amour l'emporta sur toute autre considération, et malgré les remontrances de sa famille, malgré les sages observations de mistriss Oven, Isabella épousa sir Frédéric Sommerton.

Les commencemens de cet hymen furent heureux et paisibles. La naissance d'un fils resserra encore l'union de ces époux ; mais il mourut au berceau, et cette perte leur causa de justes regrets. La comtesse douairière de Morinsdale venait aussi de mourir, et avait laissé à la jeune Ophélia une immense fortune. A cette nouvelle, mistriss Oven partit d'Angleterre pour l'Irlande, et lady Ophélia fut bientôt dans les bras d'une mère qui l'attendait avec la plus vive impatience.

Sir Frédéric vit sa belle-fille, et une passion désordonnée s'alluma dans son sein : loin de chercher à l'éteindre, il s'y abandonna tout entier : le crime était déjà consommé dans son cœur. Ophélia, encore parée des grâces de l'enfance, se livrait souvent avec son beau-père à des badinages innocens, mais criminels de la part de Sommerton. Néanmoins, lorsque ses transports éclataient malgré lui, il se hâtait d'y mettre un frein, car ce n'était qu'insensiblement qu'il voulait faire partager à Ophélia son amour incestueux. Isabella était loin de soupçonner les infâmes projets de son époux qui continuait d'avoir pour elle les attentions et les soins les plus empressés. Un jour qu'elle était absente du château, sir Frédéric alla trouver Ophélia dans son appartement; elle tenait un livre et paraissait profondément occupée de sa lecture.

« Vous êtes rêveuse, Ophélia, lui dit-il ; que lisez-vous là ? »

« L'imitation de Jésus-Christ, répondit Ophélia. »

« Ce livre convenait parfaitement à votre aïeule, lui dit Sommerton ; mais il n'est point fait pour votre âge. Vous pourriez lire quelque roman ; il en est dont la morale est excellente. »

— « Maman d'Irlande m'a défendu cette lecture, répartit Ophélia : elle prétendait que c'est un poison qui corrompt le cœur et détruit l'innocence. »

— « Elle vous a trompée, Ophélia. L'amour, il est vrai, domine dans la plupart des romans ; mais il n'empoisonne pas les cœurs, au contraire il les enchante. »

— « Qu'est-ce que l'amour ? demanda Ophélia. »

Ophélia touchait à peine à sa quinzième année, et son ingénuité était égale à la pureté de son ame.

« L'amour, répondit Sommerton, est un feu qui embrâse l'un pour l'autre deux individus d'un sexe différent, ou que l'un d'eux seulement éprouve sans être payé de retour. »

— « Puisque l'amour est un feu, dit Ophélia, je désire ne le connaître jamais. »

— « Vous avez tort, mon enfant : lorsque l'amour est partagé, il met le comble au bonheur des mortels. Par exemple, je vous aime, Ophélia ; si vous m'aimiez aussi, notre félicité deviendrait parfaite. »

— « Nous sommes donc heureux, car je vous aime, sir Frédéric. »

— « Vous m'aimez! répartit Sommerton, et vous me le déclarez avec cette froideur. Non, Ophélia, vous ne connaissez point ce feu si pénétrant et si doux, ce feu qui de mon cœur se communique à mes lèvres : Ophélia, sentez vous comme elles brûlent ? »

En disant ces mots, il osa profaner les lèvres virginales de l'innocence par un baiser coupable et incestueux. Ce fatal baiser se fit sentir jusqu'au cœur d'Ophélia, et Sommerton laissa l'infortunée en proie à l'ardeur qu'il venait de faire passer dans son sein.

Depuis ce jour la gaîté d'Ophélia s'évanouit pour faire place à une douce mélancolie. Une légère pâleur se mêla au coloris de ses joues et la rendit plus touchante encore. Lady Sommerton s'aperçut de ce changement, mais elle l'attribua à un dérangement de santé naturel à cet âge; elle en parla même à son époux qui la confirma dans cette croyance. Ainsi lady Sommerton vivait dans une entière sécurité : comment, en effet, une épouse, une mère aurait-elle pu concevoir l'idée de l'attentat qui se méditait?

Ophélia s'étant trouvée seule avec son beau-père, elle lui dit d'un ton plein de douceur : « Que vous êtes cruel et dangereux, sir Frédéric ! »

— « Comment ai-je mérité ce reproche, Ophélia ? »

— « Vous m'avez fait part du feu qui vous brûlait, et j'ai perdu le repos. »

— « Il est un moyen de vous le rendre, mon enfant, et d'appaiser ce feu qui vous tourmente : je souffre comme vous, et nous pouvons nous guérir mutuellement. »

Il voulait la serrer dans ses bras, mais elle s'éloigna, le front couvert de rougeur.

« Quel enfantillage ! dit sir Frédéric. »

Puis il ajouta de l'air le plus tendre et le plus affectueux : Que craignez-vous, Ophélia ? ne suis-je pas votre père ? Ah ! viens, mon adorable fille ; c'est contre mon sein que tu vas retrouver le bonheur. »

C'est ainsi qu'il abusait du titre le plus sacré pour pervertir l'innocence. La crédule Ophélia se laissait entraîner ; déjà Sommerton lui prodiguait les caresses les plus criminelles ; mais tout à coup elle se dégagea des bras du séducteur, se mit à genoux devant un crucifix placé au fond de l'appartement, et fit signe à Frédéric de ne point la troubler.

Sommerton, furieux en lui-même de voir que sa victime lui échappait au

moment où il croyait son triomphe as-
suré, lui demanda la cause de ce bizarre
accès de dévotion.

« Je me suis rappelée, répondit Ophélia, qu'en me donnant ce crucifix, maman d'Irlande me dit de le prier sin-
cèrement lorsque j'éprouverais quelque
chagrin. Laissez-moi donc, sir Frédéric; je veux être seule pour faire ma
prière. »

Voilà comment il fut obligé de sus-
pendre l'exécution de son infernal dessein.

Il y avait dans le jardin un pavillon où
Ophélia aimait à se rendre : souvent elle
y passait des matinées entières, soit à
broder, soit à pincer de la harpe. Mais
depuis quelque temps ce lieu lui plaisait
encore davantage; l'aspect romantique
des environs lui causait un plaisir vague
et entretenait sa rêverie.

Frédéric, se promenant un jour, aperçut Ophélia dans le pavillon solitaire.

» Vous aimez la retraite, Ophélia,
dit-il en entrant ; elle convient aux

âmes tendres, et je la cherche aussi. »

Il se plaça auprès d'elle, et affectant une profonde tristesse, il demeura pensif et silencieux. Ophélia parut touchée ; elle le regarda avec une aimable pitié. Ce regard encouragea Frédéric ; il prit la main de sa belle-fille, et la pressa tendrement sur son cœur : Ophélia voulut la retirer ; une forte émotion fit palpiter son sein ; elle rougit et pâlit successivement.

« Vous me rendez bien malheureux, Ophélia, dit en soupirant l'adroit séducteur ; je vous aime avec passion et vous repoussez mes caresses. »

— « Elles me font du mal, répondit Ophélia. »

— « Ingrate ! s'écria Frédéric, les vôtres pourraient me guérir. »

— « Un orage se prépare, dit Ophélia ; retournons au château. »

— « Ne craignez rien, dit Sommerton : les nuages se dirigent plus loin et vont bientôt disparaître. Mais, hélas ! ajouta-t-il, l'orage de mon cœur n'est

pas près de se dissiper. Tu pourrais cependant, ma douce Ophélia, tu pourrais
me rendre, ainsi qu'à toi, le calme et
le bonheur. »

— « Je le voudrais, dit Ophélia d'une
voix faible, et en baissant les yeux. »

— « Eh bien ! laisse-toi guider par le
sentiment qui t'entraîne : viens mêler
tes soupirs à mes soupirs enflammés.
Un père n'a-t-il pas le droit de prodiguer
à son enfant les témoignages de sa tendresse ? Je suis ton père, je suis...... »

Un coup de tonnerre l'empêcha de
continuer, et Ophélia se déroba avec
peine aux transports de l'audacieux
corrupteur.

« Hâtons-nous de sortir avant que
l'orage ait augmenté, dit la tremblante
Ophélia. »

— « Vous serez ici plus en sûreté
qu'ailleurs, lui dit Frédéric en la rete-
nant : ne voyez-vous pas que les nuages se
sont amoncelés au-dessus du château ? »

Cependant l'orage devenait plus effrayant, le ciel était embrâsé, le ton-

nerre grondait avec une force nouvelle.
Ophélia , saisie d'épouvante , jeta un cri
perçant : son beau - père lui tendit les
bras ; elle s'y précipita hors d'elle-même ;
elle était presque évanouie. Les éclairs
se succédaient rapidement ; le bruit de
la foudre se mêlait au bruit des vents en
fureur : tout paraissait confondu. Il semblait que la nature , par ce désordre
affreux , voulût exprimer son horreur
pour le plus grand des attentats.

Ophélia , revenue à elle-même , sentit
toute l'énormité de son crime ; elle fixait
sur le monstre un œil égaré ; ses lèvres
tremblaient sans pouvoir prononcer un
mot ; une sueur froide inondait son
visage : Ophélia était anéantie. Frédéric
allait se livrer à de nouveaux transports ;
Ophélia le repoussa avec violence ; et
malgré la pluie qui tombait par torrent,
elle s'élança hors du pavillon , traversa
le jardin et courut s'enfermer dans son
appartement.

Sommerton , demeuré seul , s'applau-
dit du succès de sa lâche entreprise ; et ,

le premier pas étant fait, il espéra bien entretenir avec sa victime un commerce criminel. Ophélia, prétextant un malaise causé par la frayeur qu'elle avait éprouvée, ne quitta point sa chambre pendant tout le reste du jour. Quel abîme la réflexion ouvrit-elle devant les yeux de cette infortunée! Le voile qui les couvrait, maintenant déchiré, lui laissait approfondir toute la scélératesse de Sommerton. Osera-t-elle désormais paraître aux regards de sa mère en présence de l'auteur de sa ruine? Il lui semblait que sa honte était écrite sur son front, et, dans son désespoir, elle eût voulu que la terre se fût ouverte pour l'engloutir. En vain le calme avait succédé à la tempête; en vain la nuit invitait les mortels au repos : il n'était plus de sommeil pour les yeux d'Ophélia, plus de repos pour son cœur. Le lendemain, elle se sentit atteinte d'une fièvre dévorante; lady Sommerton lui prodigua tous les soins d'une tendre mère, et dans peu de jours elle se trouva tout-à-fait rétablie. Mais son cœur souffrait horriblement ; elle n'osait lever les yeux sur Frédéric, et, devant lui, un frissonnement agitait tout son corps. Lady Sommerton lui reprocha tendrement sa froideur pour son beau-père, et l'engagea à se montrer moins indifférente. Ophélia pâlit et garda le silence.

Cependant Frédéric nourrissait toujours l'espérance de faire consentir sa victime à un commerce incestueux, et il eut l'audace de renouveler ses infâmes tentatives. C'est alors qu'Ophélia fit éclater toute l'horreur qu'elle ressentait pour ce monstre ; elle lui jura une haine éternelle, et appela sur sa tête la céleste vengeance.

» Tremble scélérat, lui dit-elle du ton le plus véhément ; si jamais ta bouche sacrilége ose réitérer cette effroyable proposition, j'aurai le courage d'instruire ma mère de ton crime et du mien ; dussé-je, après cet aveu, m'enfoncer un poignard dans le cœur ! »

Sommerton, confondu, ne répliqua

rien , et craignant qu'elle n'effectuât cette menace , il abandonna son détestable projet.

Mistriss Oven était en Irlande où elle réglait des affaires qui concernaient la succession laissée à lady Ophélia : elle revint sans avoir pu les terminer entièrement , et lady Sommerton engagea son époux à faire lui-même ce voyage ; il y consentit et ne tarda point à s'embarquer pour l'Irlande. Depuis son absence , lady Ophélia se sentait moins malheureuse ; le nuage qui couvrait son front commençait à s'éclaircir, et ce calme apparent dissipait les inquiétudes que sa mélancolie avait inspirées à lady Sommerton. Mais que devint la triste Ophélia , lorsqu'elle s'aperçut que son sein portait le fruit de l'adultère et de l'inceste ! Elle eut le bras levé pour se donner la mort ; mais songeant aussitôt qu'elle allait détruire avec elle un être innocent, elle retint le fer tourné contre son cœur. Pour écarter les soupçons de sa mère, elle fut obligée d'affecter un air de sérénité, tandis que son ame éprouvait toutes les tortures imaginables. Enfin le moment approchait où son état ne pourrait plus échapper aux regards. Quel parti prendre? où fuir? où cacher ses douleurs et sa honte? Après avoir roulé dans son esprit mille projets différens, Ophélia, mourante, se traîna dans l'appartement de mistriss Oven, et, d'une voix souvent interrompue par ses sanglots, elle lui raconta la séduction exercée par le monstre, et les suites de l'horrible attentat. A ce récit, mistriss Oven sentit son cœur défaillir; ses cheveux se dressèrent d'épouvante; elle demeura dans une sorte de stupeur. Malgré la prévention qu'elle avait toujours eue contre sir Frédéric, jamais elle ne l'eût soupçonné capable d'un si grand forfait. Lorsque son trouble fut un peu calmé, rappelant la malheureuse victime aux principes de religion qu'elle avait reçus de son aïeule, mistriss Oven sut l'engager à supporter la vie, et lui fit espérer le pardon d'un crime involontaire. Mais comment découvrir à une mère cet effroyable secret ?....... Mistriss Oven le dévoila. Nous n'essaierons pas de peindre l'état de lady Sommerton ; notre pinceau n'a pas de couleurs assez fortes, et l'imagination y pourra suppléer. Après s'être livrée aux plus violens transports, aux imprécations, à tout l'excès de la fureur et du désespoir, la déplorable mère tomba dans un évanouissement profond, et l'on crut un moment que sa vie était en danger. Mais bientôt l'indignation lui rendit tout son courage : elle partit pour Londres, alla trouver le principal ministre qui était parent de son premier époux, lui confia l'épouvantable mystère et sollicita l'exil de Sommerton. Le ministre n'hésita point : un ordre secret fut envoyé en Irlande, et au moment où Frédéric partait pour revenir en Angleterre, il fut embarqué pour les Indes orientales. Afin de prévenir les conjectures que cette disparition aurait pu faire naître, on répandit le bruit que Sommerton était allé recueillir au Bengale la succession d'un riche parent qui l'avait nommé son seul héritier.

Lady Sommerton revint à Morinsdale-Castle.

« Le monstre est parti, dit-elle à mistris Oven, et nous sommes pour toujours délivrées de son odieuse présence. Maintenant il s'agit de régler le sort de sa complice. Vous la conduirez en France, à Paris ; et aussitôt qu'elle aura donné le jour au fruit de son crime, vous le déposerez dans une de ces maisons destinées à recevoir les enfans abandonnés. Ensuite vous remettrez cette lettre à la mère Sainte-Euphrasie, supérieure d'un couvent d'Ursulines, et sœur du comte de Morinsdale. Elle accueillera celle que je ne puis plus nommer ma fille, et la fera entrer en religion. Mais le récit d'un crime inouï ne doit point souiller les chastes oreilles de cette vierge ; qu'elle l'ignore à jamais, et qu'elle soit persuadée que sa nièce a choisi elle-même l'état qui lui est destiné. Telle est, mistriss Oven, ma résolution irrévocable; que mes ordres soient exactement suivis; je ne pardonnerais point à qui oserait les éluder. Vous partirez demain; pour moi je vais quitter un séjour profané, et c'est en Ecosse, à Belmore-Castle, que vous viendrez me retrouver. »

Mistriss Oven n'eut rien à répliquer, et elle transmit à Ophélia les volontés de milady. Ophélia, désormais indifférente sur son sort, souscrivit à tout, et le lendemain, sans avoir vu sa mère, elle quitta la demeure de ses ancêtres pour n'y rentrer jamais.

A leur arrivée à Paris, mistriss Oven loua deux appartemens dans un hôtel garni : ce fut là que l'héritière des comtes de Morinsdale donna la naissance à une fille qui fut nommée Valéria, parce qu'elle était née le jour de saint Valère. Ophélia, instruite du sort qu'on réservait à son enfant, ne pouvait se résoudre à s'en séparer. Elle

conjura mistriss Oven de ne point abandonner cette innocente créature ; elle
implora sa pitié, son humanité ; enfin,
elle mit en usage tout ce qu'elle crut
capable de gagner un cœur dont elle
connaissait la sensibilité. Mistriss Oven
se rendit aux touchantes supplications
d'Ophélia ; elle lui promit d'emmener
sa fille en Angleterre et de la faire passer
pour une nièce de son mari, qui était
restée orpheline peu de temps après sa
naissance. Lady Ophélia fut au comble
de ses vœux.

« Maintenant, dit-elle à mistriss Oven,
je fais volontiers le sacrifice de ma
liberté ; j'abandonne volontiers à ma
mère la fortune que j'ai reçue de mes
ancêtres : je n'en excepte qu'une somme
de quatre mille livres sterlings dont je
dispose en votre faveur ; car il ne serait
pas juste que Valéria fût à votre charge.
Voilà mes bagues et mes diamans, vous
les donnerez à ma fille quand vous le
jugerez convenable. Recevez aussi mon
portrait ; conservez-le, chère Oven,

comme un gage de mon attachement et de mon éternelle reconnaissance. »

Ophélia, qui commençait à *recouvrer ses forces*, voyait avec une sombre douleur s'approcher le jour fixé pour la plus cruelle des séparations. Lorsque ce moment fut arrivé, elle prit sa fille dans ses bras, la regarda long-temps en silence, puis elle dit à travers ses sanglots :

« Pauvre enfant ! recueille les pleurs de ta mère : elle n'a pas d'autre héritage à te laisser ! Non, jamais tu ne sentiras ses douces caresses ; jamais ta tête ne reposera contre le sein maternel. Tendre fleur, qui vas être en butte à tous les orages de la vie, oh ! puisses-tu les surmonter ! puissent mes vœux détourner le malheur qui plane sur ton berceau ! »

Elle l'embrassa pour la dernière fois, et dit en la remettant aux mains de mistriss Oven : « Adieu, chère enfant !... Voilà ta mère ! »

Ophélia, conduite par mistriss Oven,

entra au couvent des Ursulines. La mère
Sainte-Euphrasie fut enchantée de voir
sa nièce. Instruite par la lettre de sa
belle-sœur de la vocation prétendue
d'Ophélia pour la vie religieuse, la bonne
supérieure ne pouvait se lasser d'en
rendre grâce à Dieu. Après une courte
épreuve et l'obtention des dispenses nécessaires, la douce Ophélia, victime
obéissante, prononça des vœux éternels,
et prit le nom de sœur Sainte-Adélaïde.
Elle fit à mistriss Oven les adieux les
plus tendres, lui recommanda encore
son précieux dépôt, et la conjura d'im-
plorer pour elle le pardon et la bénédiction de sa mère.

Mistriss Oven n'ayant plus rien qui
la retînt en France, s'embarqua avec
sa pupille, et arriva en Angleterre après
dix mois d'absence. Lorsqu'elle eût
confié l'intéressante orpheline aux soins
d'une nourrice, elle partit pour l'Ecosse,
et trouva à Belmore-Castle lady Sommerton qui avait repris le nom de Morinsdale. Mistriss Oven lui dit que l'in-

fortunée Ophélia avait mis au monde un fils, et que, selon ses ordres, il avait été déposé dans une maison d'enfans trouvés. Ensuite elle lui remit une lettre de la mère Sainte-Euphrasie, et un papier cacheté, dépositaire des volontés d'Ophélia. Lady Sommerton approuva le don fait à mistriss Oven, et vit aussi avec plaisir qu'Ophélia n'avait point oublié mistriss Aterson sa nourrice à qui elle donnait une somme de trois cents livres sterlings.

Mistriss Oven laissa pendant deux ans Valéria chez sa nourrice; puis elle la conduisit à Flovern, et chargea mistriss Aterson d'élever son enfance. Chaque année elle faisait le voyage d'Angleterre pour voir sa prétendue nièce, et toujours elle la trouvait embellie : souvent même elle en parlait à lady Sommerton, car elle avait conçu le projet de la faire admettre à Belmore-Castle. Dès que Valéria eut atteint sa huitième année, mistriss Oven dit à milady que sa nièce ne pouvant être éle-

vée convenablement par mistriss Aterson, elle serait peut-être obligée de se
retirer à Flovern, afin de présider elle-
même à l'éducation de cette jeune orpheline. Milady qui craignait de perdre
une amie dont la société était pour elle
un besoin, lui proposa de faire venir
sa nièce à Belmore-Castle. C'est ainsi
que, par un innocent artifice, l'enfant
de lady Ophélia fut reçu chez son aïeule
qui l'avait proscrit même avant sa naissance. Mistriss Oven écrivit secrètement
à la sœur Sainte-Adélaïde, et lui apprit
cette nouvelle consolante.

Dix-sept années s'étaient écoulées
depuis que lady Morinsdale habitait
Belmore-Castle, et ses chagrins moins
vifs commençaient à céder au pouvoir
du temps, lorsqu'une lettre de la mère
Sainte-Euphrasie en renouvela toute la
violence. Voici ce que la supérieure lui
écrivait :

« Ma chère sœur,

» Les voies du Seigneur sont impé-

» nétrables, et nous devons nous sou-
» mettre sans murmure à ses adorables
» jugemens. Votre fille, la sœur Sainte-
» Adélaïde, après avoir été pendant
» seize ans le modèle de ses compagnes,
» par sa piété solide et sa fidélité à
» remplir ses devoirs, est tombée dan-
» gereusement malade. Elle desire avec
» ardeur obtenir votre bénédiction ma-
» ternelle ; et sans doute l'ame de cette
« vierge n'attend plus que votre pré-
» sence pour s'envoler dans le sein de
» Dieu. C'est pour quoi je vous engage,
» et, si ce n'est assez, je vous conjure,
» au nom de notre chère fille, de lui
» accorder cette dernière consolation.

» Hâtez-vous donc, de vous rendre
» à nos instantes prières ; et puisse
» le Seigneur vous faire participer un
» jour à ses dons ineffables, que vous
» souhaite ardemment, votre sœur.

» Sainte-Euphrasie. »

Cette lettre consterna lady Morinsdale. Elle gardait encore du ressenti-

ment contre une fille moins criminelle que malheureuse, et elle ne se sentait pas le courage de supporter sa vue. Mais mistriss Oven joignit ses prières à celles de la mère Sainte-Euphrasie; mistriss Oven fit un tableau touchant de cette infortunée, qui, après une longue pénitence et à son dernier soupir, implorait le pardon d'une faute involontaire. Lady Morinsdale se laissa fléchir; mais lorsqu'elle arriva, la sœur Sainte-Adélaïde n'existait plus. Quelques jours avant sa mort, elle avait écrit une lettre qui fut remise à sa mère, et qui était conçue en ces termes :

« Madame et très-honorée mère,

» J'ai conservé, jusqu'au dernier mo-
» ment, l'espérance de vous revoir et
» d'obtenir la rémission d'une faute où
» m'entraînèrent la séduction et la vio-
» lence la plus inouïe. Le ciel fut témoin
» que mon cœur était innocent, et néan-
» moins j'obéis sans murmure au juge-
» ment sévère que vous portâtes contre

» moi ; je voulus prouver par une sou-
» mission sans bornes, que, malgré la
» souillure du crime, mon ame n'était
» point corrompue. J'abandonnai donc
» ma fortune, mon pays ; je sacrifiai
» ma liberté. Maintenant, si une vie
» passée dans les austérités et dans la
» pénitence du cœur a pu me laver en-
» tièrement et me rendre agréable de-
» vant Dieu, puis-je me flatter que ma
» mère aurait eu la même indulgence,
» et qu'après avoir condamné la mal-
» heureuse Ophélia, elle n'eût pas re-
» fusé de bénir sa fille expirante ?

» SAINTE-ADÉLAÏDE. »

Cette lettre attendrissante arracha des larmes à lady Sommerton ; mais l'idée de l'horrible attentat, renouvelée dans son esprit, venait émousser toute sa sensibilité. Elle se disposait à retourner en Ecosse, malgré les instances de la mère Sainte - Euphrasie qui voulait la retenir pendant quelques mois, lors-qu'une indisposition subite i'obligea de différer son départ Enfin , la veille du jour où ce départ devait avoir lieu , son espérance fut encore trompée : elle rencontra , au jardin des Tuileries , sir Frédéric Sommerton qui ne la reconnut point , et qui arriva à Belmore - Castle tandis qu'on célébrait la fête de son épouse absente.

Fin de l'histoire d'Ophélia.

CHAPITRE VIII.

Voila donc l'effroyable mystère enfin dévoilé ! Valéria , immobile et les yeux attachés sur l'écrit funeste, était pâle et silencieuse comme la mort. Tout à coup un objet qu'elle n'avait point encore aperçu lui fit jeter une exclamation : c'était le portrait d'Ophélia que mistriss Oven avait voulu transmettre à sa fille. Valéria le couvrit de baisers et de larmes , puis elle s'écria : « O souvenir affreux d'un songe trop véritable ! oui, ma mère, j'irai bientôt te joindre , et ta fille, ainsi que toi, mourra malheureuse. »

Un nouveau papier s'offrit à ses regards, elle y lut ce qui suit :

« Il me reste, ô ma bien-aimée, à vous apprendre de quelle manière mon innocent stratagême fut reconnu de lady Morinsdale.

» Il vous souvient du jour où Fré-

» déric Sommerton vint à Flovern avec
» les dames de Glanford et miss Harvel;
» il vous vit, et un mouvement con-
» fus sembla lui révéler le secret de
» votre naissance. En vain je vous fis
» sortir de sa présence odieuse ; le
» monstre vous avait assez vue pour soup-
» çonner que vous pouviez être sa fille,
» et incapable d'être touché par les senti-
» mens de la nature, encouragé d'ailleurs
» par les dames de Glanford à nous sus-
» citer toutes sortes de maux. Il osa me
» menacer d'une vengeance terrible. En
» effet il écrivit à lady Morinsdale qui
» me fit aussitôt parvenir la lettre sui-
» vante :

« Mistriss Oven,

» Je viens de recevoir une lettre de
» celui que je ne puis nommer. Est-ce
» une nouvelle imposture du monstre?
» ou bien est-ce la vérité qu'il me donne
» à connaître, afin de mettre le comble
» aux infortunes de ma vie? Il me déclare
» que Valéria n'est point votre nièce ;
» il me fait soupçonner ce que je n'ose

(96)

» écrire, ce qui aggrave toute l'horreur
» de mes chagrins Je ne vous con-
» damnerai pas sur la seule accusation
» de ce monstre, mais je veux que
» vous me répondiez en deux mots :
» Valéria est-elle votre nièce? Si elle
» ne l'est point, cet aveu suffit à

 » Isabella, comtesse de Morinsdale. »

 » Voici la réponse que je fis à cette
» lettre :

  « Milady,
» Vous m'ordonnez de vous répondre
» brièvement; je vais le faire. Valéria
» n'est point ma nièce. Sensible aux
» prières et aux larmes d'une infortu-
» née, j'ai dû sauver sa fille, et je ne
» puis m'en repentir. Vous êtes libre,
» sans doute, de méconnaître et d'aban-
» donner l'innocente Valéria, mais elle
» ne le sera jamais de celle qui a promis
» de lui tenir lieu de mère,

  » Clarisse Oven. »

 « *Seconde lettre de lady Morinsdale.*
 « Femme imprudente et hardie !
» qu'avez-vous fait? et quel était mon

» aveuglement ! vingt fois j'ai dû péné-
» trer cet odieux stratagème. Un désa-
» veu de votre part n'aurait pu détruire
» mes soupçons et n'eût servi qu'à vous
» rendre plus coupable. Maintenant ce
» que je demande au ciel, c'est qu'il
» daigne vous effacer à jamais du sou-
» venir de celle que vous avez indigne-
» ment trompée.

   » Isabella , comtesse de Morinsdale. »

« C'est ainsi , ma chère Valéria , que
» votre implacable aïeule vous repoussa
» de son sein. Mais consolez-vous, mon
» enfant, vous êtes irréprochable , et
» Dieu vous rendra le repos. Ne recevez
» plus les visites du marquis de Glan-
» ford; il n'est que ce moyen d'éteindre
» votre passion et le ressentiment de
» la marquise. Lorsqu'enfin la raison
» aura repris sur vous tout son empire,
» vous pourrez accorder votre main à
» M. Walney qui a presque été votre
» époux et qui mérite de l'être. C'est
» alors, mon enfant, que dans une pai-

» sible union vous oublierez les orages
» où votre vie a d'abord été livrée ; mais
» vous n'oublierez point, j'en suis cer-
» aine, l'infortunée et maintenant heu-
» reuse.

» Clarisse OVEN. »

Plongée dans l'abîme de ses douleurs, Valéria ne songeait point à regagner la ferme. Johanna, inquiète, vint au bosquet, et fut épouvantée de l'espèce d'anéantissement où elle trouva sa maîtresse. Cédant à ses instances, et soutenue par elle, Valéria reprit enfin, d'un pas lent, le chemin de la ferme isolée. Mistriss Aterson et Johanna ne cessaient de lui prodiguer des consolations, mais elle y paraissait indifférente, et sa douleur concentrée, jointe à la passion qu'elle ne pouvait détruire, la minait insensiblement.

Aussitôt que le jour touchait à son déclin, Valéria, vêtue d'une robe noire, le visage à demi-caché sous un voile dont la couleur lugubre contrastait avec la pâleur de son visage, se rendait auprès

de la tombe de mistriss Oven. Elle ressemblait à une vierge du Seigneur qui,
dans le calme solennel des nuits, va
prier et gémir au pied du sanctuaire.
Un soir, ayant apporté sa harpe, elle
essaya sur cet instrument un air plein
de mélancolie, et chanta, en s'accom-
pagnant, la romance suivante qu'elle
avait composée.

LA NUIT.

ROMANCE.

Paisible nuit, ramène le silence
Et fais glisser ton char mystérieux !
Ma peine croît, dès que le jour commence :
Quand tu reviens, j'aime à revoir ces lieux.
Le jour déplaît à mon ame attristée ;
Paisible nuit, précipite sa fin !
A ton aspect, ici moins agitée,
Valéria soupire son chagrin.

Tu reparais, ô nuit mélancolique !
Je vois déjà ton flambeau renaissant.
Sur les vitraux de la chapelle antique
Il fait mouvoir un rayon languissant.
Astre rêveur ! prolonge ta carrière ;
Ne cache plus ce front pâle et serein :

En observant ta tremblante lumière
Valéria sent calmer son chagrin.

Dans la nuit sombre, ô ma fidelle amie !
Parais aussi, parais devant mes yeux.
Quoi ! serais-tu pour jamais endormie ?
Ah ! romps le cours d'un sommeil odieux.
Es-tu sensible à la voix qui t'implore ?
Serait-ce toi que j'aperçois enfin ?
Mais ce fantôme à l'instant s'évapore :
Valéria reste avec son chagrin.

Vœux superflus ! celle qui me fut chère
A mes regards est ravie à jamais ;
Et dans ce monde où je suis étrangère
Rien ne doit plus m'attacher désormais.
O sombre nuit ! que mon ame oppressée
Voudrait pouvoir s'exhaler dans ton sein !
Par l'amitié, par l'amour délaissée
Valéria cède au poids du chagrin.

A peine elle achevait cette romance, qu'une voix douce répéta sur le même air les quatre derniers vers, en y changeant quelques mots de la manière suivante :

Ah ! rends le calme à ton ame oppressée ;
Qu'un doux espoir se ranime en ton sein.
Par un amant loin d'être délaissée,
Valéria peut finir son chagrin.

Elle tressaillit ; mais elle fut bientôt rassurée, car Ethelbert s'avança vers elle en lui disant : « Modérez, madame, la violence de vos regrets ; vous avez perdu mistriss Oven, mais il vous reste une amie dans Elvina, et dans Ethelbert l'amant le plus fidèle et le plus passionné. »

— « Milord, lui répondit-elle, si vous connaissiez toute l'étendue de mes malheurs ! .... »

— » Je sais combien est grande la perte que vous avez faite, et je suis loin de blâmer une douleur si juste ; mais elle doit avoir un terme........ Valéria, vous êtes libre, je le serai bientôt moi-même, et notre bonheur......... »

Valéria l'interrompit d'une voix sombre : « Que parlez-vous de bonheur au milieu des tombeaux, et au moment où la connaissance de mon sort ?....... Ah ! Dieu ! »

— « Parlez, dit Ethelbert, saisi d'étonnement. »

— « Je ne puis, répondit-elle. »

— « N'aurais-je donc jamais droit à

votre confiance ? Ingrate Valéria ! »

— « Si je disais un mot, vous frémiriez, Ethelbert. »

— « Je vous en conjure, Valéria, ne prolongez point cette horrible incertitude. Faut-il que je me jette à vos pieds ? »

Valéria saisit en silence la main d'Ethelbert, et l'entraîna parmi les ruines où la lune répandait une clarté mourante. Ils s'assirent sur un débris, et Valéria dit enfin d'un ton exalté : « Marquis de Glanford, soyez dépositaire du secret affreux qui va sortir de ma bouche pour la première et la dernière fois. Vous avez connu lady Ophélia ? »

— « Elle était ma parente, répondit Ethelbert. »

» Je suis sa fille, reprit Valéria. » Comment peindre la surprise d'Ethelbert ?

« Ophélia est votre mère ! s'écria-t-il ; c'est donc un lien de plus qui nous unit tous deux ! Mais achevez de m'éclaircir ce mystère. Pourquoi lady Sommerton ?.....

— « Sommerton ! quel mot avez-vous prononcé ! Plût au ciel que lady Morinsdale n'eût jamais porté ce nom détestable et qui me rend à moi-même un objet d'horreur ! Ecoutez, Ethelbert; apprenez la honte de votre famille : sir Frédéric Sommerton, le second époux de lady Morinsdale, ... le beau père de lady Ophélia............ »

— « Achevez, s'écria Ethelbert. »

— « Il est mon père, dit Valéria. »

Ethelbert troubla, par un grand cri, le calme de la solitude; il se frappa le front, se leva, se rassit, et fit entendre ces mots : » Valéria, que ce fatal secret demeure enseveli dans un silence éternel! » Puis il ajouta : « Exécrable Sommerton! coupable Ophélia! »

— « Oh! n'accusez point cette victime d'une abominable séduction, lui dit Valéria. Ethelbert, vous m'accompagnerez à la ferme; je vous confierai l'écrit que m'a laissé mistriss Oven : vous reviendrez une fois encore; ce sera la dernière. »

— « Moi ! je vous abandonnerais ! Pensez-vous que mes sentimens aient pu si tôt varier ? Daignez m'écouter à votre tour. Ma passion pour vous est fondée sur la vertu : oui, c'est la vertu que j'aime en toi, ma Valéria ! Aurais-tu la faiblesse de te reprocher le malheur de ta naissance ? ton mérite en est-il diminué ? en brilles-tu moins par les qualités les plus rares ? D'ailleurs, cet odieux mystère ne sera jamais connu. On dira : « Le marquis de Glanford pouvait prétendre à de hauts partis, mais il a recherché l'humble vertu cachée dans la solitude ; il a voulu réparer les injustices du sort. » Bientôt, Valéria, vous paraîtrez au grand jour, et c'est alors qu'on appréciera tout ce que vous valez ; c'est alors que le bonheur d'Ethelbert fera par-tout des envieux. Je ne vous proposerai point un mariage secret ; je connais vos principes austères, et j'y applaudis : mais, si vousrépondez à mes vœux, dans deux mois, Valéria, je puis devenir votre époux. »

— « Généreux Ethelbert ! que vous me pénétrez de reconnaissance ! Qui pourrait se défendre contre tant d'amour joint à de si nobles sentimens ? Vous m'aimez, Ethelbert ; et depuis long-temps mon cœur sent pour vous une égale tendresse. Mais, hélas ! quel fruit vous reviendra-t-il d'un aveu que je n'ai pu vous refuser, puisque Valéria ne sera point votre épouse ? »

— « Quelle amertume vous mêlez à la joie que m'inspire l'aveu le plus charmant ! O ma Valéria ! dis encore que tu m'aimes, et, en dépit de tous les obstacles, j'aurai l'assurance de notre bonheur. »

— « Cessez, milord, cessez de vous faire illusion. Vous m'offrez votre main, et pour être aussi généreuse que vous, je dois la refuser. Je consens que le mystère de ma naissance ne soit point dévoilé, et que je sois regardée seulement comme n'étant pas le fruit de l'hyménée ; irai-je m'introduire dans l'illustre maison de Glanford pour répandre

sur elle une tache ineffaçable? Appor-
terai-je en dot à mon époux l'espèce
d'ignominie qu'un invincible préjugé
attache aux naissances illégitimes? Et
si, quelque jour, la fatalité qui me pour-
suit faisait découvrir l'affreuse vérité,
comment alors, comment oserais-je
lever les yeux? quel funeste héritage
laisserais-je aux fruits de notre union!
Ah! cette crainte seule précipiterait le
terme de ma vie. Il est une autre considération non moins puissante, et qui
met à nos vœux un obstacle insurmon-
table. Vous connaissez la haine que
votre mère a conçue pour moi, et qui
est encore augmentée par votre refus de
consentir au mariage qu'elle désirait;
vous savez trop combien sa fierté se ré-
volterait à la seule idée d'une alliance
entre nous : son indignation n'aurait
point de bornes, et les suites en seraient
terribles. Puisque vous rendez justice
à l'austérité de mes principes, pouvez-
vous penser que je veuille vous exposer
à l'implacable ressentiment de votre

mère? Pouvez-vous croire que j'aie assez
peu de noblesse dans l'ame pour songer
à devenir, malgré la marquise de Glanford, l'épouse de son fils qu'elle mau-
dirait à jamais? Ainsi, milord, n'en
parlons plus. Soumettez-vous aux désirs
de votre mère, et laissez-moi subir toute
la rigueur de ma destinée. »

— « Eh bien ! dit Ethelbert, après
avoir réfléchi quelques momens, si la
marquise se laisse gagner par les prières
d'un fils qui lui est cher et dont elle ne
voudra point la mort; si je puis la faire
consentir à notre union, cesserez-vous
d'y mettre obstacle vous-même ? »

— « Hélas! pourquoi vous flatter d'une
si vaine espérance? Fille du malheur et
du crime, est-ce à moi d'aspirer au
bonheur ? »

Ethelbert insista, et il obtint de son
amante le consentement qu'il désirait.
Comme la nuit devenait plus obscure,
ils se hâtèrent de gagner la ferme :
Valéria déposa l'écrit mystérieux entre

les mains d'Ethelbert, et ils se sépa-
rèrent silencieusement.

Le lendemain un domestique, portant
la livrée de Glanford, se présenta à la
ferme et remit à Valéria une lettre dont
voici le contenu :

« Vous attendez sans doute avec une
» vive impatience, le résultat de la dé-
» marche hardie que mon fils vient de
» tenter à votre sollicitation. Vous êtes
» obéie, madame ; et, pour vous plaire,
» il a prodigué à sa mère toutes les
» menaces dont un fils rebelle est ca-
» pable. Vous devez bien vous applau-
» dir d'un si beau triomphe. Artificieuse
» créature ! c'est donc ainsi que vous
« abusez de votre pouvoir sur un jeune
» insensé ! Non contente de l'attirer sans
» cesse à Flovern par les plus crimi-
» nelles séductions, vous avez conçu
» le projet de l'épouser. Quoi ! Valéria
» Oven, dont le père est inconnu, ose
» prétendre à devenir l'épouse du mar-
» quis de Glanford. Ah ! mon sang
» bouillonne dans mes veines, et mon

» éternelle malédiction s'étendrait sur
» lui et sur toute sa race. Je vous avertis,
» madame, que si vous avez l'audace de
» le recevoir encore à Flovern, j'aurai
» recours à l'autorité supérieure, puis-
» qu'il n'y a pas d'autre moyen de faire
» cesser un désordre aussi scandaleux.

   » La marquise de GLANFORD. »

Une seconde lettre était jointe à celle qu'on vient de lire ; elle était conçue en ces termes :

« Comme intéressée à la gloire de
» ma famille, je vous engage aussi,
» madame, à mettre un terme à vos
» méprisables artifices. Je ne suis pas
» étonnée que votre réputation vous
« touche si peu ; depuis long-temps vous
» en avez perdu le soin : mais l'honneur
» de la maison de Glanford ne doit point
» dépendre d'une créature de votre es-
» pèce. Renoncez donc à vos audacieux
» projets, et cessez d'attirer chez vous
» l'imprudent jeune homme que vous
» avez séduit, si vous voulez éviter les

» mesures sévères qu'on est décidé à
» prendre contre vous.

» Colma VANESBURY DE GLANFORD. »

Voici les réponses que, dans sa juste indignation, Valéria fit porter à Glanford-Castle.

Réponse à la marquise de Glanford.

« Milady,

» Je devrais, pour me venger de *vos*
» outrages, accepter la main de votre
» fils ; mais Valéria Oven a trop de
» grandeur d'ame pour entrer dans une
» famille dont elle serait dédaignée. La
» séduction est un art que j'ignore, et
» si j'avais sur votre fils autant de pou-
» voir que vous le supposez, il y a
» long-temps qu'il ne viendrait plus à
» Flovern. Vos menaces ne peuvent
» m'intimider puisque je ne me reproche
» rien. On peut calomnier et persécuter
» la vertu, mais on ne peut l'avilir à ses
» propres yeux ; et tôt ou tard le mo-
» ment arrive où l'imposture dévoilée

» attire sur ses auteurs toute l'ignominie
» et tout le mépris qu'ils méritent : c'est
» *l'espérance* et le vœu que forme au-
» jourd'hui

» Waléria Oven. »

Réponse à lady Colma.

« Madame,

» Si l'honneur de votre famille vous
» touche en effet, vous devriez choisir
» avec plus de discernement les per-
» sonnes avec qui vous formez des liai-
» sons intimes; vous devriez marcher
» sur les traces d'une sœur plus digne
» que vous de porter le nom de Glan-
» ford. A l'égard des insultes que vous
» prodiguez avec une si rare facilité,
» si elles déshonorent quelqu'un , ce
» n'est point assurément celle qui vous
» pardonne,

» Valéria Oven. »

CHAPITRE IX.

Les blessures faites par l'orgueil et la calomnie se cicatrisent difficilement : pour une ame trop sensible elles sont mortelles. Valéria voyait sa réputation, son honneur indignement flétris; et avec tout le sentiment de son innocence, elle ne pouvait supporter l'idée de passer pour la plus vile des créatures. Son imagination travaillait, son sang était enflammé; elle fut saisie d'une fièvre violente. On fit venir le docteur Wilton, et quelques remèdes eurent bientôt calmé cette agitation; mais son ame avait été frappée de trop de coups à la fois, et l'infortunée Valéria semblait marcher lentement vers la tombe.

Deux nouvelles lettres furent apportées à la ferme; elles contenaient ce qui suit :

« Madame,

» Je pars pour Londres, et j'y reste-

» rai jusqu'à ce qu'il me soit permis de
» retourner à Flovern. Votre honneur
» m'est aussi cher que le mien, et j'ai
» dû prendre ce parti, puisque la ca-
» lomnie répand son venin sur les dé-
» marches les plus innocentes. Glan-
» ford-Castle m'est odieux; vous en
» savez les raisons. Mais, ô ma bien-
» aimée! l'injuste fureur de tes ennemis
» te rend plus chère encore à l'amant
» qui ne respire que par toi, qui ne
» veut jamais respirer que pour toi.
» Adorable Valéria! recevez ma pro-
» messe inviolable et sacrée : dans
» deux mois je suis libre; dans deux
» mois j'arrive à Flovern. Si vous per-
» sistez à me refuser votre main,
» Valéria, je meurs à vos pieds; mais
» si, comme je l'espère, vous consentez
» à devenir mon épouse, ô jour de tri-
» omphe et d'alégresse! je vous condui-
» rai à Londres où s'ouvrira pour nous
» la carrière du bonheur; à Londres où
» l'éclat des vertus et des perfections

» qui vous embellissent réjaillira sur
» votre époux fortuné.

» O ma Valéria ! ne laisse point
» abattre ton courage : ton ame *angé-*
» *lique* et pure n'est-elle pas au-dessus
» de la calomnie, au-dessus des ou-
» trages de l'envie et de l'orgueil ? Songe
» enfin que mon existence est attachée
» à la tienne ; songe qu'il faut te conser-
» ver pour ton fidèle

» ETHELBERT, marquis DE GLANFORD. »

Seconde Lettre.

« O ma bien aimée Valéria !

» Qui m'eût dit que les liens du sang
» nous unissaient l'une et l'autre ? Mais
» quels liens ! grand Dieu ! Que de
» pleurs m'a coûtés cette histoire aussi
» touchante qu'effroyable ! Pauvre in-
» nocente Ophélia ! quel monstre sorti
» des enfers a donc pu ?...... Eloignons
» à jamais cet horrible souvenir !

» Quelle perte, ma douce amie,
» quelle cruelle perte vous venez de

» faire ! Mistriss Oven est digne de tous
» nos regrets. Hélas ! elle jouit mainte-
» nant de la tranquillité qu'elle n'a pu
» goûter en ce monde.

» Tout est ici dans le plus grand
» désordre. Ethelbert est parti pour
» Londres en jurant de ne plus mettre
» le pied à Glanford-Castle. Ma mère
» est d'une humeur insupportable, et
» ma sœur n'a plus un seul instant de
» repos : la colère est son élément.
» Pour moi, je suis plongée dans une
» mélancolie profonde ; car, loin d'E-
» thelbert, loin de vous, ma douce amie,
» je suis privée de tout ce que j'aime.
» J'ai lu la réponse que vous avez faite
» à lady Colma, et je ne m'étonne plus
» de l'excès de sa fureur. Vous avez
» bien fait d'employer ce style piquant
» et laconique ; c'était le meilleur moyen
» de vous venger des injures grossières
» qu'elle vous a sans doute adressées.

» Je ne puis résister à l'envie de vous
» raconter ce qui s'est passé entre elle
» et moi au sujet de cette lettre. Peut-

» être avez-vous vu quelquefois une
» gravure qui représente Alecton jetant
» des serpens au sein de la reine Amate ?
» Telle était lady Colma en entrant dans
» mon appartement : elle tenait la
» lettre fatale, et, la lançant sur moi
» avec une violence extrême, elle me
» dit ces douces paroles :

« Eh bien ! noble Elvina, qui méritez
» mieux que moi de porter le nom de
» Glanford, vous n'êtes point encore
» partie pour la vallée de Flovern ? qui
« peut vous retenir ? Allez donc féliciter
» votre digne amie de ce qu'elle a osé
» m'écrire la lettre la plus impertinente.
» Hypocrite et dangereuse créature !
» c'est ainsi qu'à mes dépens vous avez
» su toujours vous attirer des louanges
» qui ne vous sont pas dues.

« Colma, lui ai-je répondu, je suis
» accoutumée à vos emportemens ; mais
» ceci passe les bornes, et l'état où je
» vous vois me fait vraiment pitié. »

— « Elvina, m'a-t-elle dit avec un
» redoublement de colère, point d'airs

» de mépris, point d'insultes étudiées,
» *je ne* le souffrirais pas. »

— « Que feriez-vous donc ? ai-je
repris d'un ton dédaigneux. »

» Au lieu de répondre à ma question,
» elle a vomi un torrent d'injures
» contre Ethelbert, contre vous et
» contre moi.

» Lady Colma, lui ai-je dit avec
» fermeté, si vous continuez, je vais
» sonner ma femme de chambre, et
» vous aurez la honte....... »

— « Prends garde, Elvina, a-t-elle
» interrompu en me menaçant, tu pour-
» rais payer cher tes insolentes provo-
» cations. »

— « Pauvre Colma! ai-je dit avec le
» sourire de l'offensante pitié, vous
» n'avez pas besoin d'être provoquée:
» ce serait jeter dans un incendie des
» matières combustibles. »

» J'ai cru, en vérité, qu'elle m'allait
» battre, tant ce peu de mots a enflam-
» mé sa rage. Je me suis levée pour
» sonner Jenny, et mon aimable sœur

» est sortie en m'accablant d'invectives.
» Je lui pardonne volontiers, car la
» passion s'est emparée d'elle au point
» de lui ôter la raison.

» Miss Harvel est enfin retournée en
» Ecosse ; elle est allée recueillir la suc-
» cession d'une tante dont elle est seule
» héritière. Puissions-nous ne la revoir
» jamais ! La noirceur de son ame et
» sa conduite équivoque avec sir Fré-
» déric me faisaient détester sa vue. Elle
» a contribué de tout son pouvoir à vous
» rendre malheurese : que Dieu l'en
» récompense !

» Il est affreux pour moi de n'avoir
» pas la liberté de vous voir à Flovern ;
» mais on me suit, on m'obsède, et les
» menaces ne me sont pas épargnées.
» Nous allons partir pour une terre
» située à quelques milles de Glanford-
» Castle, et nous y passerons environ
» deux mois : c'est à cette époque,
» chère Valéria, que le marquis de
» Glanford viendra vous offrir sa main ;
» acceptez-la, je vous en conjure, si

» vous ne voulez pas avoir la mort de
» mon frère à vous reprocher. Avec quel
» plaisir, ma douce amie, vous donne-
» rai-je le tendre nom de sœur ? Avec
» quelle indicible joie nous nous réuni-
» rons un jour, après tant d'orages sus-
» cités contre l'innocence et la vertu !

» Elvina WANESBURY. »

Ces deux lettres causèrent à Valéria
une profonde satisfaction ; mais elle
savait trop que l'espérance de ses amis
ne pouvait se réaliser. Son ame, dé-
tachée des objets terrestres, aspirait désormais à une félicité plus certaine et
moins éphémère.

On était en automne, et les arbres
se dépouillaient de leur feuillage : le
cœur de Valéria était triste comme la
nature.

« Tombez, feuilles, tombez ! disait-
elle avec amertume : ainsi tout passe,
tout se détruit sur la terre ! »

Elle avait placé sur son sein une fleur
sauvage qui s'y était fanée : « Tel est

mon sort , dit-elle en regardant, d'un œil de pitié , cette fleur décolorée : comme elle j'ai brillé quelques instans ; hélas ! j'ai dépéri comme elle. »

Un soir elle demanda à mistriss Aterson si elle savait l'histoire de John et de Zabella dont la tombe était placée dans la chapelle.

« Oui, madame, répondit mistriss Aterson, qui aimait, ainsi que tous les vieillards, à raconter des histoires merveilleuses ; c'est une aventure bien triste et bien touchante, et ma grand'mère qui, dans sa jeunesse, avait connu John et Zabella, me l'a vingt fois racontée. Il y a long-temps, madame, continua mistriss Aterson, que cette ferme était habitée par le père de John qui se nommait........ »

— « Ma mère, interrompit Johanna ; je crains que tous ces détails ne fatiguent l'attention de notre jeune maîtresse, et si vous le permettez, je vais chanter la romance qui a été composée sur cette histoire.

Tu as raison, Johanna, lui répondit
son aïeule; mais c'est moi qui vais chanter cette romance dont j'ai toujours
beaucoup aimé le langage.

JOHN ET ZABELLA.

ROMANCE.

Jusqu'à vingt ans Zabella fut heureuse,
Coulait des jours innocens et sereins;
S'éjouissait, et de chaîne amoureuse
Point ne savait plaisirs ou noirs chagrins,
Mais par son père à l'hymen asservie
Incontinent tout son heur s'envola:
Chagrin d'amour empoisonna sa vie.
Plaignez, plaignez la pauvre Zabella.

De son beau-fils s'était énamourée,
Et se fanait à la fleur de ses ans.
Plus de liesse alors qu'on est livrée
A feu cruel qui dévore les sens.
Devoir fut maître, et flamme incestueuse
Au fond du cœur à jamais se céla:
Pour l'exhaler était trop vertueuse :
Plaignez, plaignez la pauvre Zabella.

John ignorait son douloureux martyre,
Avait pitié de si triste langueur.

II.   6

Voilà qu'un jour icelle, en son délire,
Prit main de John, que serra sur son cœur.
Tout aussitôt ardeur illégitime
Au sein de John, sans nul espoir, brûla :
De son devoir est beau d'être victime.
Ah ! plaignez John et plaignez Zabella.

Elle mourut, pareille à fleur sauvage
Que du midi chaleur a su flétrir :
Puis John aussi, John au matin de l'âge,
Bientôt mourut, ne se pouvant guérir.
Etaient livrés à souffrance trop dure ;
Trépas si prompt tous leurs désirs combla.
Vous qu'a peinés tant fâcheuse aventure
Cessez de plaindre et John et Zabella !

Or, écoutez : souvent dans les nuits sombres
On vit errer fantômes gémissans :
De Zabella, de John c'étaient les ombres
Que séparaient obstacles menaçans.
Las ! où trouver destin plus pitoyable ?
Morts ou vivans, rien ne les consola.
Si tel récit peut s'estimer croyable,
Plaignez encore et John et Zabella.

Cette romance naïve, chantée d'une
voix lugubre et tremblante, au milieu
du silence de la nuit, remplit d'une vive
émotion le cœur de Valéria ; et le rap-

port qui existait entre cette histoire et celle d'une mère infortunée, lui arracha un douloureux soupir. La bonne Aterson dit en soupirant aussi :

« Ne croyez pas, Madame, que l'apparition des ombres de John et de Zabella soit dénuée de vraisemblance. Ma grand'mère, dont Dieu veuille bénir l'ame, m'a souvent répété qu'elle les avait vu, plus d'une fois, errer autour de la chapelle. Ainsi, Madame, il ne faut pas s'étonner du cri que nous avons entendu le jour où vous deviez épouser M. Walney : c'était la voix de John, désespéré de ne pouvoir se réunir à sa chère Zabella. »

Valéria et Johanna se regardèrent à ces mots, et sourirent avec tristesse.

Le docteur Wilton venait souvent à la ferme, mais ses secours étaient infructueux : il est des maux que l'art ne peut guérir. Valéria ne sortait plus de son appartement : sa faiblesse était extrême, et il semblait que le souffle de sa vie fût prêt à s'évaporer. Un jour elle dit à sa femme de chambre, qui ne s'éloignait point de son lit : « Johanna, donne-moi ma harpe ; je veux enchanter mes douleurs. Tu as la voix douce ; prends cette romance ; je vais t'accompagner sur cet instrument. »

Johanna obéit, et tandis qu'elle chantait, des larmes coulaient de ses yeux.

LA FILLE DU MALHEUR.

ROMANCE.

Brillant d'attraits et de jeunesse
Oscar aimait Clémentina :
Même penchant, même tendresse,
Vers Oscar bientôt l'entraîna.
Hélas ! à quoi s'exposait-elle ?
Oscar était un grand seigneur,
Et Clémentina, jeune et belle,
Etait la fille du malheur.

Dans un asile solitaire
Elle pratiquait la vertu ;
Et par la fortune contraire
Son cœur n'était point abattu.
Mais d'Oscar, la mère inhumaine
Leur fit éprouver sa rigueur,

Et l'orgueil s'unit à la haine
Contre la fille du malheur.

Souvent l'effroyable tempête
Se déchaîne sur le vallon ;
Et le lis incline sa tête
Sous l'impétueux aquilon :
Contre les efforts de l'orage
Que pourrait une tendre fleur ?
Ainsi vit mourir son courage ,
La pauvre fille du malheur.

Oscar lui dit : ô mon amie !
Nous serons unis quelque jour.
Que ton ame plus affermie
Compte à jamais sur mon amour !
Mais Clémentina trop sensible
Ne put surmonter sa douleur :
Oscar , dans la tombe paisible ,
Suivit la fille du malheur.

Soudain la mère désolée
Conçut des regrets infinis :
Elle cherchait dans la vallée
L'endroit où reposait son fils.
Une perte si rigoureuse
Trop tard avait changé son cœur ;
Et cette mère malheureuse
Pleura la fille du malheur.

Johanna, suffoquée par ses sanglots, ne put achever ce dernier couplet ; et pénétrant l'allusion renfermée dans cette romance, elle donna un libre cours à ses larmes.

« Ne pleure point, lui dit Valéria ; ce monde n'avait plus d'attraits pour la fille du malheur ? »

Valéria languit encore quelques semaines. Sentant approcher l'heure de son entière destruction, elle remplit les devoirs que la religion lui prescrivait, et son ame pure et céleste allait enfin quitter sa dépouille mortelle pour s'envoler au sein d'un Dieu qui récompense la vertu persécutée sur la terre.

CHAPITRE X.

O dangereuse et fatale espérance ! l'homme séduit par tes illusions croit toucher au port de la félicité. L'imprudent ! il ne songe pas que la vie est pleine d'orages.

Le marquis de Glanford était parti de Londres, et sans s'être arrêté à Glanford-Castle, il était arrivé à Flovern. Entré dans la ferme, il vit la consternation peinte sur tous les visages, et, plein d'effroi, il demanda des nouvelles de Valéria. Mistriss Aterson le conduisit en silence à son appartement. Quel spectacle frappa les yeux du malheureux Ethelbert ! Valéria, étendue sur un lit de douleurs, paraissait inanimée ; la pâleur de la mort couvrait déjà ses traits.

« O ciel ! dans quel état je vous retrouve ! s'écria-t-il avec l'accent du désespoir. »

Valéria jeta sur lui un regard languissant.

« Est-ce vous que je revois, mon cher Ethelbert ! »

Un faible rayon de joie vint animer sa figure angélique ; elle tendit une main défaillante à Ethelbert qui l'arrosa de ses larmes. Ethelbert ne parlait point ; à peine il osait respirer : on eût dit qu'il craignait que le moindre mouvement ne mît fin à l'existence de son amante.

Valéria parut recouvrer quelque force.

« O mon bien aimé ! dit-elle, en s'efforçant d'élever la voix, sèche tes pleurs, et ne gémis point sur le sort de Valéria, puisqu'elle touche au terme de ses infortunes. La vie a passé pour moi comme un songe pénible, et mon ame a éprouvé toutes les souffrances : mais il est un monde meilleur, un asile inaccessible aux passions humaines, et c'est là, mon Ethelbert, c'est là que nous nous rejoindrons. Oui, la mort nous fera jouir d'un bonheur que nous refusa la vie : flatteuse espérance, qui rend plus doux mes derniers instans ! »

Pendant ce discours, Ethelbert, la tête appuyée sur ses deux mains, était demeuré immobile.. Tout à coup il se leva en s'écriant : « Dieu ! faut-il la perdre au moment où je suis libre....... à la veille d'un bonheur qui ne dépendait plus que de son consentement ! »

— « Il en fallait un autre, ... indispensable à mes yeux, dit Valéria, et jamais vous ne l'eussiez obtenu. »

Elle s'arrêta comme agitée d'un souvenir douloureux ; puis elle dit avec l'expression d'une bonté céleste ; « Oui, je me sens le courage de leur pardonner tout le mal qu'elles m'ont fait. »

— Les barbares ! dit Ethelbert en se frappant le front ; elles sont cause de ta perte ! Puisse l'éternel vengeance ! ...»

Valéria étendit la main, et lui montra un crucifix placé devant elle.

Ce geste, ce silence énergique, l'aspect de ce crucifix, tout remplit le cœur d'Ethelbert d'un religieux saisissement.

« Mon Dieu ! mon Dieu ! dit-il, en se prosternant devant le signe sacré, c'est toi seul qui peux me la rendre ! »

Un gémissement profond sortit du sein de Valéria.

Ethelbert se leva précipitamment, et s'écria désespéré : « C'en est fait ! puisque la mort seule peut nous réunir, mourons ensemble afin d'être heureux. »

— « Le moment n'est pas venu pour vous, lui dit Valéria. Vous avez à remplir une carrière honorable ; vous deviendrez un jour l'ornement de l'Angleterre, et la gloire vous dédommagera des chagrins de l'amour. »

— « Sans Valéria, répondit Ethelbert avec un sombre accent, le monde est un désert pour moi, la gloire une fumée importune, et la vie un insupportable fardeau. »

Valéria continua d'une voix plus affaiblie :

— « Songez que vous êtes l'espoir et l'unique rejeton d'une famille illustre ; songez à la gloire de vos aïeux dont il faut suivre les traces. Vivez, mon Ethelbert, afin qu'on ne vous accuse point d'une lâche faiblesse et de l'indigne oubli de tous vos devoirs. Je mourrais avec trop de regret, si j'emportais l'idée que c'est moi qui prive mon pays des rares qualités que vous avez en partage. »

.....— ».Ange de noblesse et de vertu ! ce monde n'était pas digne de te posséder, Oh ! que tu me fais bien sentir toute l'horreur de ta perte ! »

Après un moment de silence, Valéria dit encore ces paroles : « O mon ami ! ce malheur que vous déplorez sera pour vous peut-être une source de félicités. On ne trouve point le bonheur dans les passions, et le repos n'habite point avec elles. La violence de votre amour vous a fait négliger bien des devoirs ; vous les remplirez tous, et lorsque vos regrets seront amortis, vous unissant à une épouse vertueuse. . . . . . . »

— » Jamais ! s'écria-t-il, jamais ! il

n'est qu'une Valéria sur la terre , et je veux la suivre au tombeau. »

Valéria , épuisée , ferma les yeux. Ethelbert fit un cri. Valéria rouvrit sa paupière appesantie.

« Laisse-moi , mon ami , dit-elle avec effort ; Dieu réclame mes dernières pensées ; il offre à mes yeux le néant de la vie dans toute son étendue........... Il me dit qu'elle est pleine d'illusions et de misères....... Hélas! si je pouvais regretter........ Pardonne , ô mon Dieu! pardonne........... Il était si digne de mon amour ! »

Le cœur d'Ethelbert allait se briser ; d'abondantes larmes lui procurèrent quelque soulagement.

« Oui......... je t'adorais , reprit-elle avec un dernier mouvement de passion : je t'adorais , ô mon Ethelbert !....... et ne pouvant être à toi....... »

Sa voix expira sur ses lèvres. Le docteur Wilton entra ; Ethelbert se précipita dans ses bras en disant : « Sauvez-la', mon cher Wilton, et ma fortune est à vous. »

M. Wilton, ayant considéré Valéria, invita le jeune marquis à sortir de la chambre, et lui fit observer que le repos était nécessaire à miss Oven.

« Le repos éternel! dit la mourante Valéria. »

Ethelbert jura qu'il ne s'éloignerait pas un instant. « Ignorez-vous, dit-il, que ma vie dépend de la sienne? »

M. Wilton l'entraînait; mais il le repoussa violemment, s'élança vers le lit et colla ses brûlantes lèvres sur la main déjà glacée de son amante.

« O mort! s'écria-t-il d'une voix déchirante, impitoyable mort! épargne cet ange, et prends-moi pour victime.

Valéria tourna vers lui ses yeux couverts des ombres du trépas; un soupir..... un dernier soupir s'exhala de son sein: elle parut s'être endormie. Ethelbert demeura sans mouvement, sans voix et sans couleur; on crut que le même instant avait terminé ses jours. Mistriss

Aterson appela Georges et Tom qui le transportèrent dans un autre appartement ; mais M. Wilton voulant lui épargner un spectacle trop funeste *lorsqu'il serait revenu à la vie*, le fit placer dans son carrosse, et le conduisit chez lui à Glamorgan. Là, tous les secours lui furent prodigués, et de faibles soupirs annoncèrent enfin que l'usage du sentiment lui était rendu.

Cependant les habitans de la ferme s'abandonnaient à la plus vive douleur. Johanna surtout, la fidelle Johanna était inconsolable et priait le ciel de vouloir bientôt la réunir à sa chère maîtresse. Valéria n'avait point négligé de récompenser l'attachement de cette fille : elle lui avait légué une partie de la propriété de Flovern ; mistriss Aterson devait jouir de l'autre moitié, qui, après sa mort, serait partagée entre ses deux petits enfans. M. Walney ne voulut point faire les funérailles de celle qu'il avait tant chérie : on fit venir un ministre voisin, et les restes mortels de cette

vierge furent déposés dans la chapelle,
à côté de la tombe de mistriss Oven.

C'est ainsi qu'à peine âgée de dix-huit
ans, Valéria descendit au tombeau,
victime du malheur, du devoir et d'une
trop grande sensibilité ! Ainsi se réalisa
le songe affreux qu'elle avait raconté à
Johanna. L'obscur avenir s'offre-t-il
quelquefois, pendant le sommeil, à
notre imagination? et certains songes
seraient-ils de mystérieux avertissemens
envoyés par l'intelligence qui préside à
nos destinées !

M. Wilton avait fait avertir la marquise de l'état où se trouvait son fils.
Elle arriva bientôt, et sa douleur éclata
lorsqu'elle vit Ethelbert pâle et presque
inanimé. A l'aspect de sa mère il fris-
sonna, ses yeux s'obscurcirent, et il retomba en défaillance. La marquise
désolée s'empressa de demander au
docteur si la vie de son fils était en
danger. M. Wilton la rassura ; mais il
lui dit que la position du jeune marquis
exigeait de grands ménagemens. Ethel-

bert rouvrit les yeux à la *lumière*, *et* ses regards errèrent autour de lui. Un délire affreux avait succédé à son évanouissement.

« Que vois-je? s'écria-t-il; n'est-ce pas la marquise de Glanford et la cruelle Colma? Mon cher Wilton sauvez-moi de leur barbarie ; elles ont tué Valéria : il leur faut encore une victime. »

Il ajouta, avec un rire effrayant : « Grâce au ciel, elles ne m'empêchent point de descendre dans sa tombe ! »

Croyant voir lady Elvina, il dit d'une voix mystérieuse : « Prends garde, Elvina, qu'elles ne découvrent l'effroyable secret : Valéria serait perdue. »

Ensuite, prenant un air suppliant, il dit à la marquise : « O ma mère ! laissez-vous attendrir aux prières d'un fils qui vous aime et qui vous fût toujours soumis. De vous seule dépend ma vie, ou ma mort : accordez-moi la main de Valéria ; elle est vertueuse, quoique infortunée ; et si je la perds, vous n'avez plus de fils. »

Le cœur de la marquise était oppressé ; elle commença de sentir *les* angoisses du remords.

« Retirez-vous, dit Ethelbert en fureur, ou rendez-moi Valéria ! »

Après tous ces transports, il tomba dans un profond assoupissement qui dura jusqu'au lendemain.

Lady Elvina, que sa mère avait refusé d'amener à Glamorgan, arriva dès le matin chez M. Wilton, et se fit conduire à l'appartement d'Ethelbert, où la marquise et le docteur étaient déjà réunis. Elvina s'élança dans les bras de son frère, et leurs larmes se confondirent.

« C'est *toi*, mon Elvina, lui dit-il avec tendresse. *Elle* te fut chère aussi, et tu viens la pleurer avec moi. Oh ! tu la pleureras encore long-temps, car tu ne la verras plus. »

La marquise était indignée de la désobéissance d'Elvina, mais elle n'osa manifester son ressentiment. Voyant que son fils avait entièrement recouvré la

raison , elle l'engagea à quitter Glamorgan.

» Madame , lui répondit froidement
Ethelbert , vous pouviez me rendre
heureux , vous ne l'avez pas voulu.
Maintenant , tâchez de perdre le souvenir de votre fils , vous ne le verrez plus
à Glanford-Castle. »

M. Wilton joignit ses instances à celles
de la marquise , à celles d'Elvina, mais
Ethelbert fut inflexible. La marquise
espéra que lorsque la violence de sa
douleur serait diminuée , il changerait
de résolution. Elle pria M. Wilton de
lui donner tous ses soins , et elle partit
avec Elvina , qui, dans toute la route ,
fut en butte aux reproches et aux menaces de sa mère.

Ethelbert demenra quelques jours encore à Glamorgan ; il paraissait avoir
repris sa force , mais la pâleur de son
visage , l'abattement de ses yeux , annonçaient toutes les souffrances de son
ame.

CHAPITRE XI.

Lorsqu'une affreuse tempête a repoussé dans l'immensité du malheur celui qu'entraînait le zéphir de l'espérance, il sent tout son courage s'anéantir ; et se regardant comme isolé sur le vaste océan du monde, il soupire chaque jour, après son dernier naufrage.

Le marquis de Glanford partit un matin de Glamorgan pour la vallée de Flovern. Pendant tout le trajet, il fut rêveur et silencieux ; arrivé à la ferme, il tressaillit en voyant mistriss Aterson et Johanna vétues d'habits de deuil. Comme il paraissait avoir l'intention d'entrer dans l'appartement qu'avait occupé Valéria, la porte lui en fut ouverte par Johanna qui fondait en larmes. Il s'assit auprès du lit où son amante avait rendu le dernier soupir, et il dit avec une joie funeste : « C'est donc ici désormais l'asile d'Éthelbert ! ici, du moins, je puis respirer l'air que respirait Valéria. »

Le docteur Wilton le conjura de nouveau de retourner à Glanford-Castle, mais il répondit d'une voix sombre : « *Elle* ne l'a point habité. »

Voyant l'inutilité de ses efforts, M. Wilton quitta le jeune marquis, après l'avoir recommandé à mistriss Aterson et à Johanna.

Tant que durait le jour, Éthelbert ne quittait point le fatal appartement, et c'est là qu'il confiait au papier ses réflexions mélancoliques. Voici quelques fragmens de ses écrits, que nous avons traduits fidèlement.

« Elle n'a fait que passer sur la terre ;
» Elle a connu l'excès de la douleur.
» Dors maintenant sous l'insensible pierre !
» Dors à jamais sans craindre le malheur !
. . . .

« Si jeune, hélas ! au monde elle est ravie :
» Qui l'a privé d'un objet si charmant ?
» L'aveugle haine et l'infernale envie.
» Elle m'a dit, près de quitter la vie :
» *Je t'adorais !....* Et moi, trop faible amant,

» Dans le tombeau je ne l'ai point suivie !

. . . .

. . . .

« Pourquoi faut-il que le méchant prospère?
» Pourquoi faut-il que le juste abattu
» Se plaigne en vain que tout le désespère
» Et du malheur boive la coupe amère?
» Loin de ce monde exile-toi , vertu ! »

. . . .

. . . .

« Dans quel néant suis-je précipité?
» Tout l'univers à mes regards est vide.
» Ce lieu par elle autrefois habité ,
» Ce lieu si cher, me devient insipide.
» Le temps pour moi retient son vol rapide;
» Pour moi chaque heure est une éternité.

. . . .

« J'ai parcouru le paisible bocage
» Qui garde encor la trace de ses pas :
» Quelle tristesse ! et quel aspect sauvage!
» Le doux printemps lui rendra son feuillage;
» Ses fleurs naîtront; je ne les verrai pas ! »

. . . .

. . . .

« En te perdant , ô moitié de mon cœur!
« Je n'ai pu vivre; une affreuse langueur

» M'a desséché comme l'herbe foulée.
» Que j'ai du temps accusé la longueur !
» Mais, grâce au ciel ! ma vie est écoulée. »

. . . .

» Vers-toi mon âme a volé sans effort.
» Oh! qu'il est doux, le sommeil de la mort ! »

Le soir il se rendait à la chapelle, et prosterné devant la pierre qui couvrait son amante, il disait : » O tombe ! soulève-toi pour me recevoir ; c'est toi qui me sépares de ma Valéria ! Il est temps que mes cendres se confondent et reposent avec les siennes. »

Puis, collant sa bouche sur le froid monument, il l'arrosait de ses larmes brûlantes. Ensuite il s'écriait de l'accent le plus douloureux :

« Beauté, vertu, jeunesse, tout s'engloutit dans ton sein ; la mort te précède et le désespoir te suit ! O tombe ! deviens plus légère ; ne pèse point sur ma Valéria ! »

Quand le jour avait fait place aux ténèbres, il se promenait dans le bosquet

isolé : Là ses cris ne cessaient d'appeler
Valéria ; il demandait Valéria aux objets
insensibles et inanimés, il la demandait
à la nature entière , et l'écho qui semblait touché de ses plaintes, répétait dans
le profond silence des nuits : « Valéria!
Valéria ! »

M. Wilton venait souvent à la ferme
et employait pour consoler son malheureux ami tout ce que son imagination pouvait lui suggérer ; mais Ethelbert ne lui répondait que ces mots :
« J'ai perdu la moitié de ma vie ; que
puis-je faire de celle qui me reste ? »

La sœur chérie d'Ethelbert , lady Elvina , sollicita l'agrément de sa mère
pour passer quelques jours à Flovern,
et la marquise y consentit, espérant
qu'Elvina pourrait décider son frère à
venir habiter Glanford-Castle.

Ethelbert, en revoyant sa sœur, parut
éprouver une faible sensation de joie ;
il l'embrassa tendrement et lui dit avec
tristesse : « Elvina , que viens-tu faire
dans la vallée ? N'y cherche point celle

qui fut ton amie ; tu n'y trouveras que sa tombe. »

Il ne lui parla point de Glanford-Castle, ni des personnes qui l'habitaient : la vallée de Flovern semblait être pour lui l'univers entier. Ils allaient ensemble à la chapelle et ils pleuraient ; au bosquet, où l'on voyait encore les traces de Valéria, ils pleuraient involontairement ; revenus à la ferme, dans l'appartement solitaire, ils se regardaient en silence, et ils pleuraient encore. Mais lorsqu'Elvina voulait consoler son frère, lorsqu'elle le pressait de la suivre à Glanford-Castle, il répondait aussitôt : « Adieu, Elvina ; j'irai seul parmi les ruines. »

Il lui dit un jour avec une sorte d'exaltation : « Un songe m'a présenté l'objet de mes soupirs. Elle brillait d'une clarté céleste, et m'a dit en essuyant mes larmes : « Cher et fidèle amant, sois témoin de ma félicité, et calme des regrets inutiles. J'ai quitté une vallée de misères pour un séjour d'ineffables délices : c'est là que ton ame, confondue avec la mienne, jouira, dans le sein de Dieu, d'une paix et d'un bonheur inaltérables. « Telles ont été les paroles de cette vierge, continua-t-il ; du haut des cieux, elle me tend les bras, elle appelle son bien-aimé pour lui faire partager son bonheur. Dois-je languir plus long-temps sur cette terre d'exil ? »

— « Je vois trop, dit en pleurant Eivina, que rien ne vous attache plus à l'existence ; vous dédaignez l'amitié d'une sœur qui ne pourra survivre à votre perte. »

Ethelbert fut sensible à ce reproche ; il embrassa Elvina, mais il ne répondit rien, et retomba dans son apathie ordinaire.

La marquise voulant tenter un dernier effort, prit la résolution de venir à Flovern. Ethelbert la vit sans plaisir, sans colère, avec la plus froide indifférence. Elle sut plier son caractère violent et impérieux, et représenta à son fils, avec quelque douceur, le tort irréparable qu'il faisait à sa famille et à lui-même.

« Fils ingrat, ajouta-t-elle, vous voyez d'un œil sec la douleur de votre mère, et c'est là le prix de ses sentimens pour vous ! »

Ethelbert sourit amèrement et garda le silence.

Enfin la marquise, reprenant sa hauteur accoutumée, lui dit qu'il était honteux de sacrifier ses devoirs et son honneur à l'obscure mémoire d'une fille telle que Valéria Oven.

Ethelbert, indigné, lui lança un regard terrible, et sortit précipitamment. La marquise, furieuse elle-même, reprocha violemment à Elvina son aveugle complaisance pour Ethelbert ; elle l'accusa d'avoir encouragé l'indigne penchant dont il était la victime, et lui ordonna de monter dans son carrosse, sans avoir voulu permettre qu'elle fît ses adieux à son malheureux frère.

Un matin Ethelbert sortit de la ferme : le soir arriva ; Ethelbert ne reparaissait point. Mistriss Aterson et Johanna, inquiètes d'une si longue absence, allèrent au bosquet qu'elles trouvèrent désert; elles passèrent, en frissonnant, sur les ruines de la chapelle, et jetant un coup d'œil timide vers l'intérieur de l'édifice, elles virent quelqu'un étendu sur la tombe de Valéria. L'une et l'autre s'approchèrent avec effroi : c'était le marquis de Glanford. Les deux femmes poussèrent un cri; Johanna saisit la main d'Ethelbert; cette main était froide comme la tombe. Il est mort! s'écria-t-elle; et, laissant son aïeule, elle courut chercher Tom et Georges, qui portèrent à la ferme cette infortuné jeune homme. On s'empressa de faire venir le docteur Wilton, mais tous les secours furent inutiles. Ethelbert n'existait plus. Le docteur, après l'avoir considéré attentivement, parut concevoir quelques soupçons sur le genre de sa mort. Avait-il terminé sa vie par le poison? Ce n'est qu'une conjecture; car M. Wilton n'a jamais voulu donner d'éclaircissement à ce sujet. Quelques jours avant sa mort, Ethelbert lui avait remis des papiers cachetés avec *soin*; *ils* contenaient ses volontés dernières que M. Wilton était chargé de faire exécuter. Il partit donc pour Glanford-Castle, et fut introduit dans l'appartement de la marquise, où se trouvait lady Colma.

« Milady, lui dit-il, je viens vous annoncer un événement que vous avez dû prévoir : votre fils n'est plus ! »

La marquise et lady Colma changèrent de couleur, et jetant l'une sur l'autre un regard accusateur, elles semblèrent se reprocher mutuellement leur conduite inhumaine envers Ethelbert et son amante. Mais tout à coup elles se déchaînèrent avec fureur contre l'objet d'une passion qui les privait, dirent-elles, d'un fils et d'un frère qu'elles avaient toujours chéri. L'indignation du docteur était sur le point d'éclater; mais il se contint et dit avec sévérité : « La vie de celle qu'on accuse a été pure

comme son ame ; je m'étonne qu'on
poursuive sa mémoire avec tant d'achar-
nement. Milady, ajouta-t-il, je suis dépositaire du testament de votre fils, et
je dois vous avertir que sa dépouille
mortelle sera placée dans la chapelle de
Flovern, à côté de l'infortunée qui lui
fut si chère. »

— « Quoi ! dit la marquise avec hauteur, vous opposeriez-vous à ce que mon
fils fût transporté dans la sépulture de
ses ancêtres ? »

— « Je m'y opposerai, milady, répliqua M. Wilton. Le dernier vœu de votre
fils sera rempli ; quant à ses autres volontés, je vous les communiquerai plus
tard. »

Il les salua froidement et se hâta de
quitter cet asile de l'égoïsme et de la
dureté.

Cependant le bruit de la mort d'Ethelbert se répandit au château de Glanford,
et la désolation fut universelle : car la
bonté du jeune marquis, l'aménité de son
caractère, le faisaient aimer de tous ceux

qui le connaissaient, ou qui dépendaient de lui. Mais quel fut le désespoir de lady Elvina en apprenant cette affreuse nouvelle ! Il est des douleurs qu'on essaierait en vain de peindre ou de concevoir ; pour s'en faire une idée, il faut les avoir sentie soi-même. Elvina se couvrit de voiles et d'habits funèbres, et, sans avoir vu sa mère ni sa sœur, elle partit pour Flovern, accompagnée de sa femme de chambre.

En entrant dans la ferme, le premier objet qui frappa ses yeux fut le cercueil où son frère était renfermé. Mistriss Aterson, à genoux, priait en silence ; et Johanna, dont les sanglots redoublèrent, avait la tête penchée sur son sein. Elvina se précipita vers le cercueil ; ses yeux étaient secs, son cœur palpitait avec violence ; l'excès de sa douleur l'avait rendue muette. Enfin ses larmes coulèrent en abondance, et c'est alors qu'elle exprima toute l'amertume de ses regrets. Elle accusa sa mère, sa cruelle sœur, et, comme si elles eussent été présentes, elle leur dit de contempler le fruit de leur barbarie. Malgré les représentations du docteur, elle voulut assister aux funérailles de son frère ; et, soutenue par sa femme dé chambre et par Johanna, elle entra dans la fatale chapelle. Mais lorsqu'elle vit, à côté de la tombe de Valéria, l'endroit où le corps d'Ethelbert allait être déposé, elle fit entendre un cri déchirant, s'élança vers la pierre sépulcrale et y demeura sans mouvement et presque sans vie. On la transporta hors de la chapelle, et la vivacité de l'air lui ayant fait recouvrer l'usage de ses sens, elle fut aussitôt reconduite à la ferme. Après avoir donné à mistriss Aterson et à Johanna des marques de sa reconnaissance pour les soins qu'elles avaient prodigués à son frère, lady Elvina reprit le chemin de Glanfort-Castle, non sans jeter plus d'une fois, sur la vallée de Flovern, un regard douloureux.

CHAPITRE XII.

Elvina, se soutenant à peine, le visage décoloré, les yeux tout humides de pleurs, n'arriva au château qu'à l'entrée de la nuit. Voulant se rendre à son appartement, elle se disposait à traverser la grande salle où la famille Glanford avait coutume de se réunir en des temps plus heureux. La marquise et lady Colma venaient d'y descendre ; elles étaient tristes, rêveuses, et paraissaient effrayées de la solitude qui les environnait. A l'aspect imprévu d'une femme enveloppée de crêpes et d'habillemens funèbres, la marquise pâlit, tout son corps fut agité d'un tremblement convulsif : lady Colma poussa un cri d'horreur, et de ses deux mains se couvrit le visage. Elles crurent un moment que Valéria, sortie de la tombe, venait leur reprocher sa mort. Elvina, immobile et pâle comme un fantôme,

contemplait sa mère et sa sœur et semblait jouir de leur épouvante. Enfin la
marquise reconnut Elvina, et honteuse
de sa faiblesse, elle lui dit avec un.
emportement extrême.

« Que venez-vous faire ici? qui vous
a autorisée à sortir du château, seule
et vêtue de cette manière bizarre? était-
ce pour faire parade, au préjudice de
votre mère et de votre sœur, d'une sensibilité affectée? vous croyez-vous désormais libre et indépendante? Fille
audacieuse et perverse! tremblez de
m'irriter davantage; et si vous craignez
ma malédiction, gardez-vous d'imiter
le fils rebelle qui vient d'être victime de
sa désobéissance, et de sa passion pour
une vile créature. »

— « Juste ciel! s'écria lady Elvina en.
élevant et joignant les mains; conserve-
t-on de la haine pour la cendre des
morts? Oui, madame, je viens de remplir un devoir sacré; j'ai suivi les restes
de mon frère jusqu'à la tombe de l'innocente Valéria. Que n'y ai-je rendu le

dernier soupir ! je serais à l'abri de vos
menaces terribles , et tous mes vœux
seraient comblés. Mais dussé - je être
accablee de tout le poids de votre colère,
je porterai long-temps ces vêtemens lu-
gubres , et le deuil de mon cœur durera
plus long-temps encore! Ah ! ce n'est
pas pour moi que sont faits les reproches
de la conscience; ce n'est pas moi qui
suis la sœur criminelle et dénaturée......
Que le ciel lui pardonne! elle est maintenant plus malheureuse que ceux dont
elle a causé la ruine. »

A ces mots , lady Colma , semblable
à une lionne dont la rage est excitée
par une faim dévorante , lady Colma
s'élança vers sa sœur, qui prit aussitôt
la fuite et courut s'enfermer dans son
appartement.

Le docteur Wilton revint à Glanford-
Castle, et communiqua à la marquise le
testament dont il était dépositaire. Par
cet acte , le marquis de Glanford léguait
tous ses biens à lady Elvina ; il y avait
aussi plusieurs legs particuliers en faveur

des domestiques du château, et une clause par laquelle Johanna devait recevoir une somme de trois cents livres sterlings, en considération de son fidèle attachement à miss Valéria Oven, sa maîtresse.

La connaissance de ce testament anéantit la marquise, et surtout lady Colma dont l'ambition égalait l'envie qu'elle portait à sa sœur. Elle traita Elvina de créature perfide et dangereuse ; elle osa même lui dire qu'elle recueillait le fruit de ses honteuses complaisances pour Ethelbert et pour Valéria. La pudeur et l'indignation enflammèrent le visage d'Elvina, mais elle ne daigna point répondre à une si lâche et si odieuse imputation.

Il est trop vrai qu'ici-bas la vertu semble être dévouée à l'infortune ; mais elle se consola par l'espoir d'un meilleur avenir, et par la certitude que tôt ou tard une main toute-puissante frappe l'injustice et le crime.

L'orgueilleuse et insensible marquise

fut punie par la perte de ses plus chères espérances : la mort prématurée de son fils, en éteignant l'illustre nom de Glanford, détruisait en même temps les projets ambitieux qu'elle avait formés pour un nouvel agrandissement de sa famille. Ce qui mettait le comble à son chagrin, c'était de voir l'héritage du jeune marquis passer à Elvina au préjudice de lady Colma qui fut toujours l'objet de sa prédilection ; mais elle se promettait bien de dédommager sa fille chérie de ce qu'elle appelait une horrible injustice.

Lady Colma épousa un jeune lord qui, pour tout mérite, avait une jolie figure et une fortune que l'on regardait comme considérable. La marquise leur abandonna les biens dont elle pouvait disposer, et ne se sépara point de sa fille. Elle paya cher cette imprudence : l'époux de lady Colma qui, avant son mariage, avait beaucoup de dettes ; et qui se livrait aveuglément à sa passion pour le jeu, les réduisit bientôt à un

état de médiocrité que supportent difficilement ceux qui ont toujours vécu au
sein des grandeurs et de l'opulence.
Aigries par le malheur et par une conscience agitée, elles ne cessaient de s'accuser réciproquement de la mort d'E-
thelbert et de Valéria : ce qui prouve
qu'entre des coupables il ne peut régner
une longue intelligence.

La comtesse de Morinsdale , revenue
à Belmore-Castle , avait appris les tristes
événemens qui avaient eu lieu à la vallée
de Flovern : ce fut alors qu'elle se reprocha amèrement sa dureté envers
mistriss Oven , et l'abandon où elle
avait laissé Valéria. Elle se représentait
cette victime du malheur, en proie à
une tristesse mortelle , et périssant à la
fleur de son âge dans l'asile où elle
l'avait reléguée. Ces regrets tardifs se
joignant aux chagrins dont elle , était
poursuivie depuis tant d'années, la pré-
cipitèrent vers le terme d'une vie tra-
versée par les plus grandes infortunes.

Lady Morinsdale avait été instruite

de la persécution exercée par la marquise et lady Colma contre l'innocente
orpheline ; elle avait su la conduite si
différente qu'avait tenue lady Elvina,
et voulant récompenser son aimable
nièce, et réparer en quelque sorte ses
propres injustices, elle l'avait nommée
son héritière universelle : nouveau sujet
de désespoir pour la marquise et pour
lady Colma.

L'envieuse et vindicative miss Harvel
reçut aussi sa récompense. Un homme
âgé, qui avait un titre, fut séduit par
sa fortune et voulut bien l'épouser quoiqu'il n'ignorât point sa conduite peu
régulière. Mais cette union ne fut pas
long-temps paisible : jaloux et violent
à l'excès, il rendit son épouse tellement
malheureuse, qu'elle fut obligée de demander une séparation ; n'ayant pu l'obtenir, elle se sauva en France avec un
jeune lord qui l'abandonna sans pitié,
après l'avoir presque entièrement ruinée.

Frédéric Sommerton termina son
odieuse existence sur le vaisseau même

qui le transportait à la Jamaïque. Ayant
cherché à séduire l'épouse d'un officier,
il fut forcé de se battre ; et, percé d'un
coup mortel, son corps fut jeté dans les
flots. C'est ainsi que le coupable, enhardi
par un léger châtiment, croit pouvoir
tenter de nouveaux crimes , et tombe
enfin dans le précipice qu'il s'est creusé
lui-même.

Sir Edmond Donald , ce jeune baronnet qui avait été l'admirateur passionné de Valéria , demanda la main de
lady Elvina et en fut écouté favorable-
ment; mais elle ne consentit à couron-
ner ses vœux qu'après l'expiration du
deuil austère qu'elle avait voulu s'imposer.

Dignes de connaître le bonheur , si le
bonheur existait sur la terre, ces époux
vertueux ne cessent de bénir le jour où
se forma leur union : le cri vengeur du
remords ne trouble point leur vie qui
s'écoule à l'abri des passions orageuses.
Mais sans doute il est des chagrins dont
le temps ne saurait effacer l'impression,

car aujourd'hui même le repos d'Elvina est encore altéré par de pénibles souvenirs. Tous les ans, accompagnée de son époux, elle vient passer deux mois dans la vallée de Flovern, où elle est accueillie par Johanna qui a épousé son fidèle Tom. Sir Edmond et lady Donald, pénétrés d'une douce rêverie, aiment à se promener dans le bois solitaire qu'ils ont nommé le BOSQUET DU MALHEUR. Quelquefois ils se rendent au village d'Abéravon, chez M. Walney, qui ne parle jamais de Valéria sans une douloureuse émotion. Souvent enfin la sensible Elvina sort mystérieusement de la ferme, et va déposer le tribut de ses regrets sur la tombe d'un frère et d'une amie.

Pour nous qui, durant les orages politiques, avons erré dans cette partie du pays de Galles, livrés à une mélancolie profonde, nous nous sommes arrêtés sur les ruines de la chapelle ; nos regards ont cherché les tombeaux, et, malheureux nous-mêmes, nous avons donné des pleurs à la mémoire de deux amans infortunés.

FIN DU SECOND ET DERNIER VOLUME.